KB117896

책 읽어주는 남자, 10년의 노트

책 읽어주는 남자,
10년의 노트

1판 1쇄 발행 2014년 4월 7일
1판 2쇄 발행 2014년 6월 5일

지은이 예병일
펴낸이 김영곤 **펴낸곳** (주)북이십일 21세기북스
부사장 임병주 **이사** 이유남
기획편집 한성근 남연정 이경희
디자인 구윤회
영업본부장 이희영 **영업** 권장규 정병철
마케팅1본부장 안형태 **마케팅1본부** 최혜령 김홍선 강서영 이영인

출판등록 2000년 5월 6일 제10-1965호
주소 (우 413-120) 경기도 파주시 회동길 201(문발동)
대표전화 031-955-2100 **팩스** 031-955-2151 **이메일** book21@book21.co.kr
홈페이지 www.book21.com **블로그** b.book21.com
트위터 @21cbook **페이스북** facebook.com/21cbooks

ⓒ 예병일, 2014

ISBN 978-89-509-5512-0 03320
책값은 뒤표지에 있습니다.

이 책 내용의 일부 또는 전부를 재사용하려면 반드시 (주)북이십일의 동의를 얻어야 합니다.
잘못 만들어진 책은 구입하신 서점에서 교환해 드립니다.

책 읽어주는 남자,
10년의 노트

예병일 지음

21세기북스

사랑하고 존경하는 부모님(예용해 송진호)께 드립니다.

멋진 삶,
사랑하는 사람을 위해 일하고
그 일을 사랑할 수 있다면

"사랑하는 사람을 위해 일하고, 그 일을 사랑한다면 이 세상을 멋지게 살 수 있다."

톨스토이가 한 말입니다.

자신의 일을 사랑하는 사람, 사랑하는 사람이 있고 그들을 위해 일을 하는 사람…. '좋은 삶'을 사는 이는 아마 그런 모습일 겁니다. 그 모습이 꼭 거창해야만 하는 건 아니지요.

언론인 생활을 하면서, 그리고 회사를 운영하면서 많은 사람을 만나다 보니, 우리가 멋진 삶을 살 수 있는 방법은 다양하다는 걸 느낍니다. 한 가지 정해진 정답이 있는 것도, 순위를 매길 수 있는 몇 가지 방법이 있는 것도 아니더군요.

'길'은 세상 모든 곳에 존재합니다. '오늘'을 충실하게 살아간다면, 그리고 '타인의 삶'이 아닌 '나의 삶'을 살아갈 수 있다면, 어떤 직업에 종사하든 어떤 성격의 일을 하든 관계가 없었습니다. 중요한 건 자신의 일을 바라보는 '건강한 마음', 그리고 주변의 사랑하는 사람들을 바라보는 '따뜻한 눈길'을 갖는 것이었습니다.

불교 선종의 일파인 조동종曹洞宗의 창시자 도겐道元 선사. 그가 선 수행을 위해 중국 송나라로 건너갔을 때의 일입니다. 송나라에 도착해 항구에 정박한 배에 머물고 있다가 일본의 표고버섯을 사러 온 중을 만났습니다. 아육왕사阿育王寺라는 절에서 부엌일을 담당하고 있던 중이었지요.

도겐이 물었습니다.

"선의 수행이라는 큰 일에 비해 부엌일은 작은 일이다. 지금 하는 작은 일에 만족하는가?"

그 중은 이렇게 대답했습니다.

"편계부증장偏界不曾藏."

세상 어느 곳이건 부처님의 마음과 진리는 감춰지지 않고 드러나 있다는 것이었습니다. 두루 미칠 편, 지경 계, 아닐 부, 거듭 증, 감출 장. 편계는 '온 세상'을 의미합니다. 도겐 선사는 그날 이후 '수련의 장은 도처에 존재한다'는 말을 평생 마음에 새기고 살았습니다.

그렇습니다. 부처님의 가르침은 거창한 외양의 대웅전에만 있지 않습니다. 일상의 음식을 만드는 절의 부엌에도, 시끌시끌한 시장 골목에도, 그 밖의 세상 그 어느 곳에도 가르침은 존재합니다.

진리도, 보람도, 행복도, 사랑도 마찬가지입니다. 그것들은 세상 모든 곳에서 자신의 모습을 드러내고 있습니다. 그것들이 보이지 않는다면, 그건 그 사람의 마음에 문제가 있는 것이지요. 깨달음을 얻기 전의 도겐 선사처럼 말입니다. 그가 만난, 부엌일을 담당하던 승려는 멋진 수행자였습니다.

좋은 삶, 멋진 삶, 행복한 삶이란 무엇일까. 가끔 멈춰 설 때마다 머릿속에 떠오르는 질문입니다. 그럴 때면 어떻게 해야 나의 일을 바라보는 건강한 마음을, 내 주변의 사랑하는 사람들을 바라보는 따뜻한 눈길을 가질 수 있을까 고민하게 됩니다.

우리의 인생을 좋은 삶, 멋진 삶, 행복한 삶으로 만들어 갈 수 있는 '수련의 장'은 곳곳에 있습니다. 작아 보이는 부엌일을 하며 부처님의 가르침과 만난 그 승려의 마음을, 수행의 본질을 보았던 그 승려의 눈길을 우리는 배울 필요가 있습니다.

제가 '경제노트'를 쓰기 시작한 지 어느덧 10년이 됐습니다. 2004년 1월 6일 '예병일의 경제노트'라는 사이트를 만들어 매일 인터넷에 글을 한 편씩 올리기 시작했습니다. 아는 분들에게는 이메일로 보내드렸지요. 지금은 40만 명이 매일 경제노트 메일을 받아보고 있습니다.

경제노트의 시작은 제 오래된 노트 한 권에서부터였습니다. 고등학생 시절, 책을 읽다 힘이 되어 준 글들을 옮겨 적어 놓은 낡은 노트. 힘들거나 지쳤을 때, 그 노트를 펼쳐 보고 다시 용기를 냈습니다. 대학생이 되어선 사회과학과 인문학의 내용이, 사회인이 되고부터는 경제와 경영에 대한 글과 생각이 주로 노트에 쌓였습니다.

2000년 봄 다니던 언론사에서 나와 미국계 미디어의 대표를 맡으며 인터넷 분야에 투신했습니다. 어느 날 문득 그 인터넷을 통해 나의 이 '낡은 노트'를 다른 좋은 분들과 공유하면 어떨까 하는 생각이 들었습니다. 내 생각과 고민을 공유하면 비슷한 고민을 하는 다른 분들이 보고 참고할 수 있겠구나 생각했지요. 그렇게 경제노트를 시작했습니다.

경제노트와 함께 '책 읽어주는 남자'를 자처하며 지낸 지도 10년이 됐습니다. 동네마다 작은 독서 모임이 수없이 있는 문화 선진국들이 저는 항상 부러웠습니다. 미국에는 70만 개가 넘는 독서 모임이 운영되고 있다고 하지요. 그것이 미국이라는 나라를 지탱해 주는 '힘'일 겁니다. 경제노트 회원들이 시·군·구별로 독서 모임을 만들 수 있도록 인터넷에 공간을 마련해 드리고 함께 책을 읽었습니다. 국내는 물론이고 미국, 중국, 유럽, 일본, 호주, 남미 등 해외 도시에서도 현지의 경제노트 가족들이 모여 독서 모임을 만들기도 했습니다.

지난 10년 동안 많은 분들이 경제노트의 지역별 독서 모임 현장에서, 그리고 이메일이나 편지를 통해 자신의 생각과 고민을 이야기해 오셨습니다. 500명 넘게 참여하곤 했던 경제노트 전체 모임에는 평일

저녁 시간인데도 멀리 대전과 부산, 창원 등지에서 중고생 자녀를 데리고 와 대화를 나눴던 분들도 있었습니다. 그분들의 생각과 질문, 고민들이 떠오릅니다.

지난 2004년 가을에 6개월 치 경제노트 글을 묶어 《성공 자기경영을 위한 101가지 비타민》이라는 책을 낸 뒤로는 경제노트를 책으로 내지 않았습니다. 보기 편하게 정기적으로 책으로 만들어 달라는 요청이 많긴 했지만, 제 글은 인터넷에 올라가 있어 언제든지 볼 수 있는 것이니까요. 하지만 '열 살 생일'을 맞이하고 보니 조그맣게라도 무언가 '정리'를 해야겠다는 생각이 들었습니다. 그동안 인터넷에 올렸던 2000여 개의 경제노트 글을 다시 읽어 보았고, 지난 10년간 회원들과 나눈 대화와 그 현장의 느낌을 떠올리며 두 번째 작은 책으로 묶었습니다.

첫 책의 서문에서 저는 무언가에 마음을 빼앗겨 살아가면 좋겠다고 썼습니다. 그 10년 전의 생각은 지금도 그대로입니다. 당시 저는 스타벅스가 사람들의 마음속을 점령한 건, 아마도 스타벅스의 CEO와 직원들이 커피에 마음을 빼앗겼기 때문일 거라 말씀드렸습니다. 그 스타벅스도 커피와 함께 파는 초코릿은 '별로'였습니다. 그건 그들이 초콜릿에 마음을 빼앗기지 않기 때문이겠지요.

피아니스트로 명성을 얻으려면 피아노에 마음을 빼앗겨야 하고,

자동차 디자이너로 성공하려면 자동차에 마음을 빼앗겨야 합니다. 영어를 잘하려면 영어에 마음을 빼앗겨야 하지요. 무언가에 마음을 빼앗긴다는 것, 그 얼마나 가슴 설레고 멋진 일입니까.

이 책을 타인의 삶이 아닌 '자신의 삶'을, '좋은 삶'을, '충실한 오늘'을 살기 위해 고민하는 모든 분들과 함께 하고 싶습니다.

사랑하는 사람을 위해 일하고, 그 일을 사랑한다면 우리는 '멋진 삶'을 만들어 갈 수 있습니다.

삶이 꼭 거창할 필요는 없습니다.

우리가 사랑하는 사람에, 나의 일에, 그리고 그 무언가에 마음 빼앗겨 보람과 행복, 사랑을 느끼며 살아갈 수 있으면 좋겠습니다.

2014년 4월

예병일 드림

고전 거인의 어깨 위에 올라 멀리 바라보는 것·209

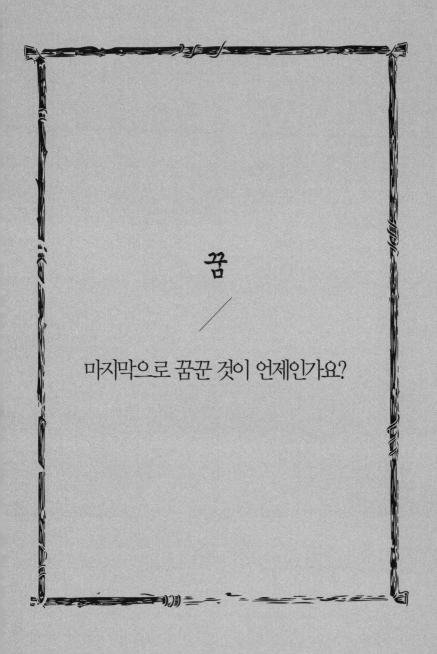

꿈

마지막으로 꿈꾼 것이 언제인가요?

별이 빛나는 창공을 보고, 갈 수가 있고
또 가야만 하는 길의 지도를 읽을 수 있던
시대는 얼마나 행복했던가.
　그리고 별빛이 그 길을 훤히 밝혀 주던 시대는
얼마나 행복했던가.

마지막으로
꿈꾼 것이
언제였는지

지난해 초겨울 어느 늦은 오후. 바람이 제법 쌀쌀했습니다. 뉴욕 유니온스퀘어에 있는 서점 '반즈 앤 노블'의 문을 열고 들어섰습니다. 조금은 바빴던 일정을 마치고 나니 노곤한 행복감이 밀려왔습니다. 이럴 땐 서점에 들러 책과 잡지를 고른 뒤 그 안의 커피숍에서 뜨거운 커피를 마시며 책을 들춰 보는 것이 그 순간을 만끽할 수 있는 최고의 방법이지요.

4층까지 천천히 둘러보며 책과 잡지를 몇 권 산 뒤에 내부에 있는 스타벅스에 자리를 잡았습니다. 한적한 그곳 분위기에 취해 있는데, 순간 한 문장이 번쩍 눈에 들어왔습니다.

"그대 마지막으로 꿈꾼 것이 언제였는지…When was the last time you dreamed…"

내가 마지막으로 꿈을 꾼 것이 언제였던가. 지금 내가 걷고 있는 길의 목적지는 어디인가. 그 여정에서 나는 보람과 행복을 느끼고 있나….

머릿속에 대학을 졸업하고 방송사와 신문사에서 언론인으로 일했던 약 10년, 미국계 미디어와 인터넷 기업 대표로 지내 온 약 10년의 모습이 스쳐 지나갔습니다. 그리고 또다시 내 앞에 펼쳐질 두세 차례의… 아니 몇 차례일지 모를 10년이라는 소중한 시간들이 다가왔지요.

그 순간의 느낌을 잊지 않기 위해 가방에서 노트를 꺼내 이런저런 메모를 했습니다. 내게 소중한 존재들, 하려 했지만 이런저런 이유로 하지 못했던 일들, 앞으로 하고 싶은 일들을 써 내려갔습니다.

"차라투스트라여, 너 아직 살아 있는가?

무슨 까닭으로? 무엇을 위해? 무엇으로서? 어디로? 어디에서? 어떻게?

아직 살아 있다는 것, 그것은 어리석은 일이 아닌가?

아, 벗들이여. 내 속에서 그런 물음을 던지는 것, 그것은 저녁이다. 서글퍼하는 나를 용서하라!"

니체는 《차라투스트라는 이렇게 말했다》의 〈춤에 부친 노래〉에서 이렇게 자신에게 물었습니다.

무슨 까닭으로, 무엇을 위해, 무엇으로서, 어디로, 어디에서, 어떻게… 10대와 20대 때는 앞으로 펼쳐질 소중한 인생의 꿈을 찾아서, 그리고 마흔이 넘어서는 삶이 절반이나 지났음을 깨닫고 앞에 남아 있는 소중한 인생의 의미를 찾아서 우리가 던지게 되는 질문입니다.

마지막으로 꿈꾼 게 언제였습니까?

무엇을 위해, 무엇으로서, 어디로, 어디에서, 어떻게 가고 있습니까?

내 인생의 북극성…
별빛이 가야만 하는 길을
훤히 밝혀 주는 인생은 복되도다

몇 해 전 여름날 아이에게 별을 보여 주려고 강원도에 있는 천문대를 찾았습니다. 저도 오래간만에 별이 빛나는 밤하늘을 바라보는 경험을 했지요.

강사가 별을 보며 별자리 이야기를 해주었습니다. 어른이 되어 다시 들어도 별자리 이야기는 흥미롭습니다. 물론 북극성 이야기도 있었지요. 나침반이 없던 시절, 옛사람들은 밤하늘의 북극성을 보며 그것에 의지해 길을 걸어갔고 바다를 항해했습니다.

"별이 빛나는 창공을 보고, 갈 수가 있고 또 가야만 하는 길의 지도를 읽을 수 있던 시대는 얼마나 행복했던가. 그리고 별빛이 그 길을 훤히 밝혀 주던 시대는 얼마나 행복했던가."

헝가리의 철학자이자 마르크스주의 문예비평가인 죄르지 루카치가 《소설의 이론》 앞부분에서 한 말입니다. 1980년대에 저를 포함한 많은 대학생들이 그의 책을 읽었지요. 루카치는 물론 다른 의미로 이야기한 것이었지만, 인생도 마찬가지일 겁니다. 별빛이 갈 수 있고 가야만 하는 길을 훤히 밝혀 주는 인생. 그런 인생은 복되고 행복합니다.

'인생의 북극성'인 꿈과 목표가 명확히 있다면, 그래서 내 머리 위에서 항상 밝고 커다랗게 빛나고 있다면, 내가 가려는 길을 잃어버리는 일은 없을 겁니다.

하지만 우리가 평소에 밤하늘의 북극성을 바라보지 않듯이, 인생의 북극성도 보지 않고 지내는 경우가 많습니다. 이는 어두운 밤 깊은 산속에서 방향도 모르면서 무작정 걸어가는 것과 다를 것이 없습니다. 아예 인생의 북극성이 무엇인지 모르는 경우도 있습니다.

가끔은 고개를 들어 내 인생의 북극성을 바라보는 시간을 가져야겠습니다. 북극성을 보면 내가 가야 할 길이 보입니다. 가끔 길을 잃을 수도 있겠지만, 그때도 내 인생의 북극성은 나의 머리 위에서 다시 길을 찾을 수 있도록 도와줄 겁니다.

당신은
지금 하고 있는 일을
사랑하고 있나요?

지금 꿈을 좇고 있습니까? 자신이 두려울 정도로 하고 싶은 일, 사
랑하는 일을 하고 있나요?

우리가 하고 있는 일은 거창한 일일 수도 있지만, 남들이 보기에
그렇지 않은 일일 수도 있습니다. 또 성취할 수도 있겠지만, 혹 열심히
노력해도 도달하지 못할는지도 모릅니다.

하지만, 남들이 보기에 그럴듯한 일이 아니고 성공하지도 못한다
하더라도, 그렇더라도 그런 것들보다 더 중요한 게 있습니다. 그 일을
내가 사랑하느냐 하는 것입니다.

내가 사랑하는 일을 한다면 성공할 가능성도 높아지지만, 설사 훗
날 이룬 것이 적다 하더라도 그 결과에 대해 스스로 수용하고 만족할
수 있습니다.

당신은 지금 하고 있는 일을 사랑하고 있나요?

꿈꾸지 못한
일만 있을 뿐,
하지 못할 일은 없습니다

꿈이, 목표가 우리의 삶을 규정합니다. 분명한 꿈이 있다면 웬만한 어려움도 이겨 낼 수 있지만, 꿈이 없거나 막연한 꿈만 꾸고 있어서는 조그마한 역경에도 쉽게 좌절하게 됩니다.

"세상에는 생각하지 못한 일만 있을 뿐이지 하지 못할 일은 없다.世界上只有你想不到的,沒有辦不到的."

중국인들은 이렇게 믿으며 산다고 합니다. 세상에는 안 되는 일은 없으며, 만약 안 되는 일이 있다면 그것은 다만 생각을 하지 못하기 때문이라는 것이지요.

우리 인생에서는 꿈꾸지 못하는 일만 있을 뿐, 하지 못할 일은 없다. 그런 생각으로 살아가면 좋겠습니다.

꿈을 꾸면
마인드셋이
바뀝니다

목표는 조금은 높고 커다랗게, 과감하게 설정하는 것이 좋겠습니다. 그래야 내 일상이 자극을 받고 변화의 필요성을 절실히 느낄 수 있으니까요.

피자집을 하는 두 사람이 있다고 가정해 봅시다. 새해 계획을 세우면서 한 사람은 매출을 5퍼센트 늘리는 것을 목표로 잡고, 다른 사람은 매출을 두 배로 올리는 것을 목표로 잡았습니다.

일을 대하는 두 사람의 마인드셋mindset, 사고방식, 생각의 틀, 태도는 아마 크게 다를 겁니다. '5퍼센트 경영자'는 별다른 부담감이나 압박감을 느끼지 않을 겁니다. 조그마한 개선으로도 자신의 목표를 달성할 수 있을 것이라 생각할 테니까요. 평소의 자세도 느슨해지기 쉬울 겁니다.

하지만 '2배 경영자'는 다릅니다. 2배라는 커다란 목표는 본인이 평소처럼 해서는 결코 달성하지 못할 목표라는 것을 잘 알기 때문입니다. 자연히 마인드가 바뀔 것이고, 피자집 매장의 '혁신'을 고민할 겁니다. 소비자들이 좋아할 새로운 피자를 개발하려 노력하고, 피자를 굽는 혁신적인 방법이 뭐 없을까 고민할 겁니다. 새로운 마케팅 방법, 아르바이트생의 고객 응대 교육… 고민해야 할 일들이 무수히 생길 겁니다. 그래야 자신이 설정한 목표를 달성할 가능성이 조금이라도 생길 테니까요. 그는 평소에 신문이나 잡지를 볼 때도, 그것에서 자신이 배우고 참고할 내용은 없을지 고민하게 되겠지요.

어디 피자집 경영만 그렇겠습니까. 커다란 기업을 경영하든, 대입 수험 공부를 하든, 자동차 디자인을 하든 마찬가지입니다.

원대한 꿈을 꾸면 마인드셋이 바뀝니다.

높고 큰 목표가 일을 대하는 나의 태도를 변화시켜 줍니다.

목표를 작게 쪼개 실행하기…
가로수를 보며 마라톤을 하듯

크고 원대한 목표를 세우는 것은 좋지만 그것에 '압도'되어 정작 실행을 하지 못하면 안 됩니다. 큰 목표를 세우는 것만큼, 그 목표를 '경영'하며 '실행'하는 것도 중요합니다. 좋은 방법은 그 목표를 작게 쪼개서 하나하나 해나가는 것입니다.

한 마라토너의 이야기가 기억납니다. 그는 처음 마라톤을 시작했을 때 고생을 많이 했습니다. 경기가 시작되기도 전부터 42.195킬로미터 앞에 있는 결승선을 생각했고, 그 먼 거리가 주는 압박감 때문에 달리기 시작하면 쉽게 지쳤습니다.

어느 날 그는 생각을 바꿔 보았습니다. 경기가 시작되면 아득히 먼 결승선이 아니라 눈에 보이는 목표물을 찾았습니다. 앞에 보이는 가로수나 건물을 목표로 정하고 달렸습니다. 그 목표점을 통과하면 다음 목표를 찾았지요. 42킬로미터가 넘는 큰 목표를 작게 쪼개 하나 하나 실행한 겁니다. 그렇게 하다 보니 심적으로 지치지 않을 수 있었고, 성적도 좋아졌습니다.

크고 원대한 목표를 세웠다면, 이제 작게 쪼개 하나하나 실행할 차례입니다. 42킬로미터를 달리는 마라토너처럼 말입니다.

완벽을
추구하는 것보다는
실행해 보는 것이

"완벽을 추구하는 것보다 실행해 보는 것이 낫다.Done is better than perfect."

미국 캘리포니아 팰로앨토의 페이스북 본사에 걸려 있는 표어입니다.

세계 최대의 소셜네트워크서비스 회사인 페이스북을 창업한 마크 저커버그는 대학 시절 이 문구를 실천했습니다. 꿈을 생각만 하거나 말로만 떠든 게 아니라 서비스를 조금씩 만들고 주머니를 털어 호스팅 서비스 비용을 냈습니다. 학교 과제물을 내듯 친구들과 자신의 꿈을 '실행'한 겁니다.

저커버그는 2010년 《타임》지 인터뷰에서 이렇게 말했습니다.

"지금 와서 생각해 보면, 제일 믿기지 않는 게 철부지 대학 시절에 친구들이랑 인터넷으로 사람들을 연결해 주는 것에 대해 얘기를 나

났다는 거예요. 그때는 그냥 소설 같은 이야기일 뿐이었는데, 실제로 지금 세상이 소설 같은 이야기처럼 돌아가고 있는 거잖아요. 그때 우린 특별할 것 없는 대학생이었거든요. 당시로서는 우리가 가장 뛰어난 개발자라고 장담할 만한 근거가 전혀 없었어요. 이건 정말 말이 안 돼요… 제 생각엔, 아마 다른 사람들이 우리만큼 관심을 갖지 않았던 것일 뿐이에요."

원대한 꿈을 꾸었다면 '완벽'을 생각하느라 실행을 주저하고 미루지 않는 것이 중요합니다. 자칫하다가는 제대로 시도도 못해 보고 끝날 가능성이 높아지기 때문입니다.

그렇습니다. 꿈은 '완벽'을 추구하며 머뭇거리는 것보다는 '실행'해 보는 것이 훨씬 낫습니다.

목표는
구체적이고
명확하게

구체적이지 않은 꿈은 꿈이 아닙니다. 명확하지 않은 목표는 목표가 아니지요.

"총론에는 강한데, 각론에는 약하다"란 말이 있습니다. 무언가를 이루려면 총론뿐 아니라 각론에도 강해야 합니다. 목표를 구체적이고 명확한 수준으로 다듬어 갈 수 있어야 합니다. 인생의 꿈을 가졌다 해도 그것을 구체적인 모습으로까지 만들지 못한다면, 막연한 상태로 그냥 남겨 둔다면, 그걸 이루기는 어렵지요.

성공을 꿈꾸는 식당 주인이라면 누구나 좋은 품질의 식재료를 구해 음식을 맛있게 만들어야 한다는 걸 잘 압니다. 학교 성적을 올리겠다는 목표를 정한 학생이라면 공부를 열심히 해야 한다는 것을 잘 압니다. 고객 서비스를 향상시키겠다는 목표를 세운 회사라면 전화벨이 울리면 빨리 받아야 한다는 걸 잘 알지요.

하지만 그것만으로는 부족합니다. '열심히 해서 언젠간 이루고 말 거야' 하는 수준으로는 부족합니다. 그냥 '좋은 재료를 사와야지', '열심히 공부해야지', '전화가 오면 빨리 받아야지'라는 생각만으로는 이를 꾸준히 지켜 가며 목표를 달성하기 어렵기 때문입니다. 그건 꿈이나 목표가 아니라 단순한 '희망 사항'에 불과해지기 쉽습니다.

'언제까지 무엇을 할 것인가.' 목표는 이처럼 구체적이고 명확해져야 의미를 가질 수 있습니다. 그렇지 않으면 그 목표를 이루기 위해 열심히 노력하고 있다고 '착각'하면서, 실제로는 효율적으로 실행하지 못하고 막연히 사과가 떨어지기만을 나무 밑에서 기다리고 있는 꼴이 될 가능성이 높아지지요.

"매일 새벽 3시에 직접 도매시장에 나가서 최고의 음식 재료를 구매한다. 만 하루가 지난 음식 재료는 아깝더라도 결코 손님들에게 내놓지 않는다."

"매일 영어와 수학을 두 시간씩 공부한다. 영어는 《종합영어》 책을 하루에 다섯 쪽씩 공부해서 2월 10일까지는 반드시 끝낸다."

"고객 전화는 벨이 세 번 울리기 전에 꼭 받는다."

목표는 이렇게 구체적이고 명확한 수준까지 다듬어 가야 합니다.

그래야 지속적으로 실행할 수 있고, 평가하고 반성할 수 있으며, 결국 이룰 수 있습니다.

에디슨의 명확한 목표…
10일마다 작은 발명품을,
6개월마다 큰 발명품을

구체적이고 명확한 목표는 우리에게 계속 걸어갈 수 있는 힘을 줍니다. 그리고 내가 갈 곳이 어디인지, 지금은 어디쯤 와 있는지도 알려 주지요.

"10일마다 작은 발명품 하나를 만들어 내고, 6개월마다 큰 발명품 하나씩을 만들겠다."

에디슨이 연구소를 만들면서 한 결심입니다. 그는 이렇게 목표를 구체적이고 명확하게, 그리고 다소 버겁게 설정했고, 그 결과 61년 동안 연평균 18개의 특허를 취득했습니다. 자신이 세운 결코 쉽지 않은 목표에 근접한 결과를 만들어 낸 셈입니다.

지금 당신을 자극하고 점검해 주는 그런 명확한 '목표'를 갖고 있습니까?

지금 이 순간 내가 하는 것이
나의 꿈을 달성하는 데
도움이 되는 일인가

꿈과 목표를 구체적이고 명확하게 다듬었다면, 이제 이 질문을 자신에게 던져 보세요.

"지금 이 순간 내가 하고 있는 것이 나의 꿈과 목표를 달성하는 데 도움이 되는 일인가?"

꿈이 구체화되어 있다면 이 질문에 쉽게 답을 할 수 있을 겁니다. 구체적인 목표는 평가할 수 있으니까요. 만약 답이 '아니오'로 나온다면, 바로 그 일을 멈추고 꿈과 목표 쪽으로 돌아가야겠지요. '현재의 나'를 객관적으로 평가해 보고, 목표에 '실제로' 도움이 되는 실행에 나서야 한다는 얘깁니다.

브라이언 트레이시는 제대로 볼 수 없는 과녁은 절대 맞출 수 없는 법이라며, 어떤 분야든 최고 대우를 받는 세일즈맨들은 판매와 수입의 목표가 매우 명확하고도 구체적이라고 말합니다. '구체적인 목표

설정'의 중요성은 물론 세일즈뿐 아니라 모든 일에 해당하는 이야기입니다.

예를 들어 세일즈맨의 경우를 한번 볼까요. 트레이시는 우선 앞으로 12개월 동안 벌고 싶은 액수를 '무리하게' 잡아 보라고 말합니다. 그리고 그 숫자를 근무 일수 250으로 나눕니다. 만약 목표가 5만 달러라면, 하루 200달러가 나옵니다. 이를 또 근무시간인 8로 나눕니다. 시간당 25달러입니다.

이제 1년에 5만 달러의 수입이라는 목표를 달성하기 위해서는 매일 8시간, 1년에 250일 동안 시간당 25달러를 벌어야 한다는 사실이 수치로 명확해졌습니다.

그다음은 '제거'에 나설 차례입니다. 시간당 25달러의 수입에 해당되지 않는 활동은 철저히 배제하는 겁니다. 신문을 읽거나 동료들과 잡담을 하거나 전화로 수다를 떨거나, 인터넷 사이트들을 돌아다니는 시간을 없애는 것이지요. 왜냐하면 이런 활동은 모두 시간당 25달러의 수입이라는 목표에 도움이 되지 않기 때문입니다. 목표가 '수치'로 표시될 정도로 명확해지니 '평가'도 훨씬 쉬워집니다. 세일즈맨에게 시간당 25달러 이상을 받을 수 있는 일은 오직 세 가지, 잠재 고객 찾기, 제품 설명, 후속 조치밖에 없습니다.

미국 컬럼비아 대학의 연구 결과에 따르면, 평범한 세일즈맨이 하루 동안 실제로 일하는 시간은 평균 1시간~1시간 30분에 지나지 않는다고 합니다. 첫 번째 고객 전화는 오전 11시에 이루어지고, 마지막

통화는 오후 3시 30분쯤 이루어집니다. 그 사이에는 동료들과 수다를 떨고 커피를 마시고 신문을 읽더라는 겁니다.

그러니 시간을 내서 '나의 하루'를 기록해 보는 것이 좋겠습니다. 지금 어떤 분야에서 일하고 있나요? 나의 하루 중 '실제로' 그 일을 하는 시간은 얼마나 되나요?

수험생이라면 본인이 '실제로' 공부하는 시간이, 피아니스트라면 본인이 '실제로' 연습하는 시간이, 야구선수라면 본인이 '실제로' 훈련하는 시간이 수치로 나올 겁니다. 그리고 그동안 자신이 열심히 하고 있다는 '착각' 속에서 살아왔다는 걸 깨닫게 되겠지요.

어느 분야에서 어떤 일을 하고 있더라도, 꿈과 목표가 구체적이어야 스스로를 평가할 수 있고 바로잡을 수 있으며, 그것을 달성할 수 있습니다.

세 주인을 둔
노예는
자유인이다

"세 주인을 둔 노예는 자유인이다."

로마의 격언입니다. 어떤 노예에게 주인이 셋 존재한다면, 그 노예에게는 사실상 주인이 없는 것과 마찬가지라는 얘깁니다.

우리에게 목표가 여러 개 있다면, 그건 목표가 없는 것과 같습니다. 목표가 불분명하면 결국 길을 잃습니다.

무엇을 버리고,
무엇에
집중할 것인가

꿈과 목표는 버림과 선택을 통해 이룰 수 있습니다. 아쉬움이 남더라도 버리고 단순화한 뒤 그것에 집중해야 실현할 수 있지요. 문제는 버리는 것이 어렵다는 데 있습니다.

괴테는 이렇게 말했습니다.

"기술은 오직 '제한'으로만 얻을 수 있다. 하나를 정확히 알고 실행하는 것은 100가지를 적당히 하는 것보다 훨씬 높은 교양을 얻게 해준다."

가장 위대한 기술이란 자신을 억제하고 다른 것들로부터 격리하는 것이며, 현자는 자신의 재능을 기르기 위해 재능의 일부를 억제한다고 괴테는 생각했지요.

하나를 정확히 알고 실행하는 것이 100가지를 적당히 하는 것보다 훨씬 중요합니다. 그러기 위해서는 99개를 버려야 합니다.

나는 무엇을 버리고, 무엇을 선택해 집중할 것인가.

꿈도 버림을 통해 단순하게 만들어야 집중할 수 있고, 성취할 수 있습니다.

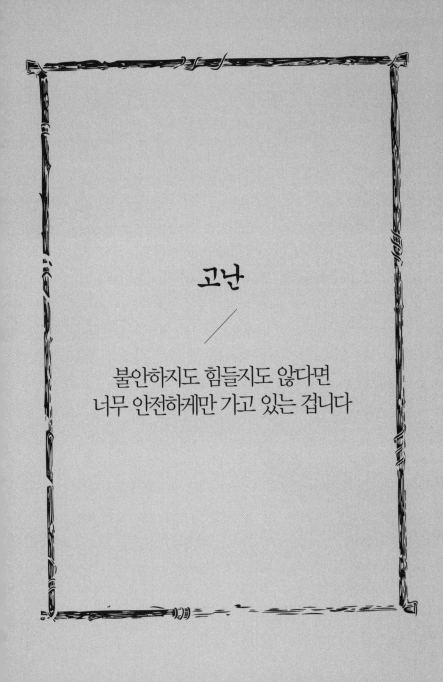

고난

불안하지도 힘들지도 않다면
너무 안전하게만 가고 있는 겁니다

세상은 죽이나 잼처럼 만들어져 있지 않다.

그러니 딱딱한 것들을 두려움 없이 씹어라.

목에 걸려 버리든가, 소화해 내든가 둘 중 하나다.

고난을 겪은
쌍골죽과 석상오동이
최고의 대금과 거문고가 됩니다

요즘 국립국악원에서 대금을 배우고 있습니다. 바쁘다는 핑계로 계속 미루다 2012년 2월부터 시작했지요.

대금을 배우기 시작한 이유는 단순했습니다. 언젠가 문득 제가 '음악'이라는 단어를 보면 무조건 '서양음악'을, 즉 서양악보인 오선지와 서양 음계만 떠올리고 있다는 걸 알았습니다. 그리고 '국악'이라는 단어에서는 무언가 거리감을, 나와는 직접 관계없는 음악이라는 생각을 갖고 있다는 걸 느꼈지요. 우리에게는 국악이 음악이고, 서양음악은 서양음악인 건데…. 그때 생각했습니다. '언젠가 우리 악기를 하나 제대로 배워야겠다.'

대금과 거문고를 놓고 고민했고, '평생을 함께할 악기'로 대금을 선택했습니다. 확실히 피아노를 칠 때와는 느낌이 많이 다릅니다. 우리 악기를 만지고 우리 소리를 내고, 또 들으면서 나 자신을 좀 더 알 수 있으리라는 기대를 하고 있습니다.

대금은 신라 삼죽三竹의 하나일 정도로 오래된 악기입니다. 젓대라고도 하는데, 가로로 불지요. 악기를 불면 적군이 물러가고 병이 낫고 바람과 파도가 잔다는 《삼국사기》 만파식적萬波食笛 설화의 주인공이 바로 대금입니다. 커다란 취구와 여섯 개의 지공, 청공, 그리고 칠성공으로 이루어져 있습니다. 구멍 사이의 간격이 넓어 손가락 움직이기(운지)가 만만치 않습니다. 하지만 악기의 길이가 길고 관이 굵어서 소리에 깊이가 있습니다.

특히 갈대의 속에서 채취한 청淸이라는 얇은 막을 청공에 붙이는데, 그걸 '청소리', 즉 '청성'이라고 합니다. 맑고 높은 소리, 부드러우면서도 날카로운 음색이 나옵니다. 이런 소리를 가진 악기가 세계적으로도 거의 없기 때문에 외국인들이 신기해하며 좋아한다고 합니다. 대금에는 궁중음악과 정악에 사용되는 정악대금과 산조, 민요에 사용되는 산조대금 두 가지가 있는데, 저는 크기가 더 큰 정악대금을 배우고 있습니다.

어느 날 수업 시간에 대금 선생님이 '쌍골죽雙骨竹' 이야기를 하시더군요. 쌍골죽은 최고의 대금 재료로 쓰이는 대나무입니다. 양쪽에 골이 패었다고 해서 그런 이름이 붙었습니다. 보통의 대나무와는 달리 속살이 두텁고 단단해 필요한 만큼 파내며 음정을 맞출 수 있는데다 단단한 만큼 음색도 깊고 맑고 장쾌하고 야무집니다. 구하기가 힘들고 가격도 비쌉니다.

그런데 이 쌍골죽은 사실 병든 대나무, 즉 병죽病竹입니다. 그래서 어느 정도 크면 더 이상 외형적으로는 자라지 않고 속만 두텁고 단단하게 채워 가는 것이지요. 게다가 대부분 똑바로 자라지 못해 휘어져 있기 때문에 힘을 주거나 불로 달궈서 펴야 합니다. 속이 단단하게 차 있는 휜 대나무를 똑바로 펴야 하니 그 나무도 고통스러울 겁니다. 그런 쌍골죽이 '최고의 대금'이 되는 것이지요.

최고의 대금 재료가 쌍골죽이라면, 거문고와 가야금 재료로 최고는 '석상오동石上梧桐'입니다. 돌 틈에서 자라다 말라 죽은 오동나무(석상자고동石上自古桐)입니다. 비옥한 땅에서 편안하게 잘 자란 오동나무가 아니라, 척박한 바위틈에 뿌리를 내리고 고난 속에서 힘든 환경을 이겨내며 자란 오동나무가 가장 아름다운 소리를 내는 것입니다. 나무질이 무른 보통의 오동나무와는 달리, 석상오동은 힘겨운 세월을 겪는 과정에서 나무가 촘촘하고 단단해져 강하고 깊고 맑은 소리를 낼 수 있게 됩니다. 장인들은 그 석상오동을 켠 뒤에도 5년 동안이나 풍상風霜 속에서 말린 뒤에 비로소 거문고의 재료로 씁니다.

로마의 철학자 세네카는 〈섭리에 관하여〉에서 이렇게 말했습니다.

"나무도 자주 바람에 휘둘리지 않으면 굳건하지도 튼튼하지도 못하오. 나무는 괴롭힘을 당함으로써 튼튼해지고 더 깊이 뿌리를 내리지요. 양지바른 골짜기에서 자란 나무는 쉬이 꺾이지요."

제가 다니는 체육관의 트레이너가 예전에 근육운동을 가르쳐 주면서 조금 힘들게 느껴질 정도로 무거운 것을 들어야 근육이 커진다고 하더군요. 힘든 운동 때문에 근육에 미세하게 상처가 났다가 아물면서 커지고 강해지는 것이지요. 세네카의 말대로 각자가 단련시킨 그 부위가 가장 단단한 법입니다. 선원의 몸은 바다를 참고 견딤으로써 단단해지고, 농부의 손바닥에는 굳은살이 생깁니다. 전혀 힘들지 않은 상황에서는 근육도, 대나무도, 오동나무도 단련되지 않습니다.

시련 속에서 아프기도 하고 상처도 입어 가며 모진 세월을 견딘 대나무와 오동나무가 울림이 맑고 아름답습니다. 우리의 삶도 마찬가지입니다. 지금 불안하거나 힘들더라도 괜찮습니다. 그 과정에서 더욱 단단해질 테니까요.

고난을 겪은 쌍골죽과 석상오동이 최고의 대금과 거문고가 되듯, 고난은 우리를 더욱 촘촘하고 단단하게 채워 줄 것이고, 그럼 우리의 삶도 최고의 대금과 거문고처럼 향이 그윽하고 울림이 아름다운 명품이 될 겁니다.

상처투성이인
성심여고 교정의
아름드리나무

서울 용산구 원효로 부근에 가톨릭계 학교인 성심여고가 있습니다. 고등학교 1학년이었던 1981년 인근에 있는 여학교가 축제를 한다고 해서 친구들과 함께 가본 적이 있습니다. 그때만 해도 남녀공학이 드물었던 시절이어서 여학교 안에 들어가 본다는 건 특별한 일이었지요.

교정에는 야트막한 언덕길이 있었고, 성모마리아상과 아름드리나무가 서 있었던 기억이 어렴풋이 납니다. 얼마 전 서강대 이사장을 지낸 유시찬 신부님의 글을 읽다 성심여고 교정의 아름드리나무 이야기가 나와 잠시 30여 년 전의 추억으로 빠져들었습니다.

유시찬 신부는 성심여고 교정에 아름드리나무가 두 그루 있다고 썼습니다. 나무 한쪽에는 굵은 가지를 받치고 있을 힘이 없어 버팀목을 괴어 놓았고, 밑동의 깊이 파인 부분에는 시멘트가 메워져 있습니다. 그는 그 나무 앞에만 서면 숙연해진다고 했습니다. 오랜 세월 수많은 고초를 겪으며 마침내 커다랗게 성장해 여름이면 시원한 그늘을 만들어 주고 있는 나무를 보며 느끼는 감동일 겁니다.

평탄한 환경에서 험한 풍상을 겪지 않고 '온실 속의 화초'처럼 자라는 나무는 성심여고 교정의 아름드리나무처럼 큰 나무가 되지 못합니다. 평소에 시련을 통해 단련되지 않으면, 누구에게나 언젠가는 찾아오는 큰 고난을 결국은 이겨 내지 못하고 쓰러질 테니까요.

오랜 세월 거친 비바람을 맞으며 고난을 견뎌내고, 상처도 입고 또 아물기도 하면서 그렇게 단련되며 자란 나무가 여름에 시원한 그늘을 만들어 주는 큰 나무가 될 수 있습니다.

밑동이 깊이 파여 시멘트로 메워져 있는 상처투성이의 아름드리나무. 무언가로 힘들 때, 예전에 받았던 상처가 여전히 아플 때, 그럴 때면 한 여고 교정에서 지금도 자기 자리를 지키고 있을 아름드리나무를 떠올려 보면 좋겠습니다.

지금 불안하지도 힘들지도 않다면, 어쩌면 너무 안전하게만 가고 있는 겁니다

지금 편안하십니까? 그렇다면 일단 바람직한 상황일 겁니다. 그렇더라도 자신이 혹시 '안일함'이나 '착각'에 빠져 편안하고 느슨해진 것은 아닌지 돌아볼 필요가 있습니다.

지금 불안하거나 긴장하고 있습니까? 우선은 진정시켜야겠지만, 무조건 걱정할 필요는 없습니다. '안주'하지 않고 '도전'하는 데서 오는 불안이라면 그건 건강한 불안입니다.

누구에게나 다 보이지는 않는 미지의 세계를 향해 전진해 성공한 사람들. 그들도 그 과정에서 편안한 밤보다는 잠 못 이루는 밤을 더 많이 겪었습니다.

예전에 어떤 증권 전문가가 이런 말을 했습니다.

"예측을 발표한 뒤에 불안감에 잠을 못 이룰 정도로 긴장했을 때 대개 좋은 결과가 나왔고, 마음이 놓이고 편안했을 때는 그 예측이

틀린 경우가 많았다."

남들과 다른 시각으로 보려고 고민하고 분석해 결정을 내렸을 때는 마음은 불안했지만 결과가 좋았고, 반대로 남들과 비슷한 시각으로 분석해 투자했을 때는 마음은 편안했지만 결과는 나빴다는 것이었지요.

그렇습니다. 불안하다고, 힘들다고 너무 걱정할 필요는 없습니다.

오히려 지금 불안하지도 힘들지도 않다면, 어쩌면 너무 안전하게만 가고 있어서 그런 것일지 모릅니다.

'적당한 좌절'이
단단한 성장을
가능케 합니다

'적당한 좌절optimal frustration.' 우리는 평안함과 안온함을 바라지만, 정작 우리가 단단해지고 성장하는 건 '적당한 고통'과 그에 따르는 '적당한 좌절'을 경험하는 과정을 통해서입니다.

쥐를 두 그룹으로 나누어 진행해 본 실험의 결과가 흥미롭습니다. 한 그룹에는 일정한 숙제를 통과해야만 음식을 주었고, 다른 그룹에는 아무런 숙제를 주지 않고 원하는 대로 맛있는 음식을 제공했습니다. 그랬더니 원하는 대로 편하게 음식을 받아먹었던 쥐들은 대부분 비만에 빠졌고, 심지어 죽는 경우도 생겼습니다. 하지만 음식을 먹기 위해 쉽지 않은 숙제를 해야 했던 쥐들은 대부분 건강하게 생존했지요.

우리 주변에는 아이가 원하는 것이라면 무엇이든 해주고 숙제처럼 조금이라도 힘들 만한 것은 자기가 대신 해주는 부모가 있습니다. 이렇게 아이를 '과잉보호'하는 것은 결코 사랑이 아닙니다. 오히려 아이의 성장에 '독'이 되지요. 과잉보호가 아이들로 하여금 '적당한 고통'과 그에 따르는 '적당한 좌절'을 경험하지 못하게 하기 때문입니다.

'적당한 좌절'이 필요한 건 아이를 키울 때만이 아니라 자기 경영에서도 마찬가지입니다. 자신이 이런저런 이유와 핑계를 대며 적당한 고통과 적당한 좌절을 피하려만 하고 있는 건 아닌지, 편안함과 안온함에만 빠져 있는 건 아닌지 돌아보아야겠습니다.

항상 '지금'이
제일 힘들게
느껴지지요

우리는 항상 '지금'이 제일 힘들게 느껴집니다. 경제도, 삶도 마찬가지입니다.

"이렇게 지독한 불황은 정말 처음이야."

"취업하기가 이렇게 힘든 적은 없었을 거야."

지금이 세상에서 제일 힘들게 느껴져, 견디기가 더욱 어렵습니다.

그런데, 가만히 생각해 보니 더위와 추위도 비슷합니다.

"이번 여름이 세상에서 제일 더운 거 같아."

"이렇게 추운 겨울은 정말이지 처음이야."

우리는 이런 말을 자주 하고 또 듣습니다. 그런데 1년 전 여름과 겨울에도 비슷한 얘기를 하고 들었던 것 같습니다. 아마 내년에도 우리는 비슷한 말을 하겠지요.

그때 우리가 '지금'을 기억해 낼 수 있다면, 빙그레 미소가 떠오를 것 같습니다. 그때는 정말 더워서, 추워서 못 견딜 것 같았는데, 1년 뒤에 다시 새로운 겨울과 여름을 맞아 똑같은 말을 하고 있으니 말입니다.

훗날 '봄'이 왔을 때, 제일 힘들게 느껴졌던 '지금'을 되돌아보며 미소 지을 수 있으면 좋겠습니다. 추위도, 더위도, 불황도, 어려움도 지나갑니다.

나를 불안하고
힘들게 하는 것들,
노트에 적고 훗날 보면

누구든 불안하고 힘듭니다. 그게 당연합니다. 불안하거나 힘들지 않다면 오히려 이상한 겁니다. 우리에게 필요한 건 불안하고 힘든데도 불구하고, 우리의 꿈과 목표에 집중하는 겁니다. 마음속의 불안과 부정적인 생각에 초점을 맞추지 않고, 우리의 꿈과 목표에 집중하는 겁니다.

그러기 위해 노트를 꺼내 적어 보면 좋습니다. 지금 나를 불안하고 힘들게 하는 것들을 써보는 것입니다. 그리고 그 노트를 덮은 뒤 일주일 뒤나 한 달 뒤, 일 년 뒤에 다시 펼쳐 봅니다.

나중에 보면 그것들이 대부분 별것 아니었다는 것을 알게 됩니다. 대부분 나의 상상 속에서만 존재했던 것이었거나, 이미 지나가 버린 과거의 파편에 불과했다는 사실을 깨닫게 되지요.

그걸 경험하고 나면, 앞으로는 불안에 휘둘리지 않고 담담한 마음으로 꿈과 목표에 초점을 맞출 수 있습니다.

자신을
제3자의 눈으로 바라보면
길이 보인다

불안하거나 힘이 들 때, 어려움에 처해 당황하거나 두려워질 때. 그 때는 자신의 모습과 자신이 처해 있는 상황을 제3자의 눈으로 객관적으로 바라볼 필요가 있습니다.

가족과 계곡에 놀러 갔던 어린 시절이 떠오릅니다. 물놀이를 하다 이끼가 낀 물속 바위에 미끄러졌습니다. 물에 빠져 당황해 허우적거리고 있는데, 근처에 있던 어른 한 분이 와서 일으켜 세워 주더군요. 일어나 보니 물은 가슴 정도밖에 오지 않는 깊이였습니다.

나는 깊은 물에 빠졌다고 생각하며 절박하게 허우적거리고 있었는데, 그 어른의 눈에는 얕은 물에서 당황하는 어린아이의 모습이 보였겠지요. 당황하지 않고 객관적으로 나를 볼 수 있었다면 아마 혼자 힘으로도 일어설 수 있었을 겁니다.

세상에 이런 경우는 생각보다 많습니다. 나는 힘들고 불안해서, 도

무지 해결책이 보이지 않아 어쩔 줄을 모르겠는데 객관적으로, 제3자의 눈으로 보면 아무것도 아닌 순간들입니다.

불안하고 힘들 때는 한 발짝 떨어져서 객관적으로 자신을 바라보세요. 언덕 위에서, 내 머리 위 2~3미터 상공에서 나의 모습을 바라보는 상상을 해보는 겁니다. 그러면 불안이나 당황, 두려움에서 벗어날 수 있는 길이 보입니다.

지금의 고난이
미래의 성공으로
이어진다는 믿음

살아가면서 우리는 종종 어려움을 만납니다. 고난을 피할 수 있는 사람은 없지요. 언젠가는 누구에게나 찾아오니, 고난은 사실 공평한 존재일는지도 모릅니다.

그런데 사는 모습은 사람마다 다릅니다. 고난을 만나 좌절하는 사람도 많지만, 그 고난을 미래의 성공으로 '이어 가는' 사람도 있습니다. 무엇이 그들의 미래를 가른 걸까요?

몇 가지 요인이 있지만, 무엇보다 중요한 게 하나 있습니다. 지금의 고난이 어떻게든 미래의 성공으로 이어질 것이라는 믿음, 그 믿음이 가장 중요합니다. 그 믿음이 강렬하다면 고난 속에서도 '길'이 보일 수 있습니다. 하지만 믿음이 없다면 이미 앞에 있는 길도 보이지 않게 되지요.

애플의 스티브 잡스가 2005년에 했던 스탠퍼드 대학 학위 수여식 연설문이 생각납니다. 그는 미래의 점들을 연결할 수는 없다, 과거를 되돌아보아야만 연결할 수 있다고 말했습니다.

"You can't connect the dots looking forward; you can only connect them looking backwards.

So you have to trust that the dots will somehow connect in your future. You have to trust in something – your gut, destiny, life, karma, whatever. This approach has never let me down, and it has made all the difference in my life."

누구나 어려운 상황에 처해 미래를 바라보면 눈앞이 캄캄하고 아무것도 보이지 않습니다. 그래서 쉽게 좌절하고 포기하게 되지요. 미래를 보며 점들을 연결해 보는 것은 원래 어렵기 때문입니다.

하지만 대개 과거를 돌아보면 내 인생의 점들은 연결되어 보입니다. 과거가 어떻게 지금의 결과를 만들었는지 이해하는 것은 대부분 어렵지 않기 때문입니다.

그러니 믿음을 가져야 합니다. 먼 훗날 과거를 돌아보았을 때는 지금의 고난들이, 그 점들이 이어져 성공으로 연결되어 있을 것이라고 믿는 겁니다. 그러기 위해서는 나의 용기, 배짱, 운명, 숙명을 믿어야 합니다. 그러면 포기하지 않을 수 있는 힘이 생기고, 보이지 않던 길도 보일 수 있습니다. 인생이 다르게 만들어질 수 있는 것입니다.

잡스도 그랬습니다. 그는 대학을 졸업하지 못했습니다. 정확히 말하면 6개월을 다니다 중퇴했지요. 그리고 그는 입양아였습니다. 미혼이었던 그의 생모는 대학을 졸업한 양부모에게 아이를 입양시키기를 희망했습니다. 출산 전에 한 변호사 가정에 입양되기로 약속되었지만, 남자아이가 태어났고 그 변호사는 여자아이를 원했습니다. 잡스는 대기자 리스트에 올려졌고, 어머니는 남자아이를 원한다는 부부의 전화를 받았습니다.

잡스의 어머니는 주저했습니다. 양어머니는 대졸자가 아니었고, 양아버지는 고등학교를 졸업하지 못했기 때문이었습니다. 양부모는 잡스를 대학에 꼭 보내겠다고 약속했고, 그는 입양됐습니다.

훗날 양부모의 약속대로 그는 대학에 들어갔습니다. 하지만 그가 입학한 리드 대학은 스탠퍼드 대학만큼이나 학비가 비쌌습니다. 노동자였던 양부모가 저축했던 돈 대부분이 학비로 들어갔습니다. 6개월 만에 그는 자퇴를 결심합니다.

"당시에는 꽤 두려웠지만, 훗날 되돌아보니 자퇴는 내가 인생에서 내린 최고의 결정들 중 하나였다."

잡스는 자퇴를 한 뒤에도 1년 반을 더 학교 근처에 머물렀습니다. 친구 집의 마루에서 잠을 잤고, 끼니를 해결하기 위해 콜라 깡통을 모았습니다. 일요일마다 제대로 된 한 끼 무료 식사를 얻어먹기 위해 7마일을 걸어 사원을 찾아갔습니다. 그렇게 생활하면서 잡스는 흥미 없는 필수과목을 수강하는 대신, 정말 듣고 싶은 과목을 청강했습니다. 당시 리드 대학은 글씨체에 대한 강좌가 미국 최고였고, 잡스는 그 강의에 매료됐지요.

10년 뒤. 그가 첫 번째 맥킨토시 컴퓨터를 디자인할 때, 당시의 경험이 커다란 도움이 됐습니다.

"내가 대학을 중퇴하지 않았더라면 그 글씨체에 대한 강좌를 듣지 못했을 것이고, 그랬더라면 개인용 컴퓨터는 지금처럼 멋진 글꼴을 갖지 못했을 것이다."

"지금처럼 내가 대학교 졸업식장에 가까이 와본 적은 없었다." 명문 스탠퍼드 대학 졸업식에서 연설했던 잡스는 학비가 없어서 대학을 중퇴해야 했지만, 그 고난에 좌절하지는 않았습니다. 그 고난들이 연결되어 미래의 성공으로 이어질 것이라고 믿었습니다. 자신의 용기, 숙명, 운명을 믿었습니다. 그리고 애플 신화를 만들었고, 실패에서 재기했으며, '컴퓨터 혁명의 선구자'로 인정받았습니다.

언제부턴가 주위의 나무나 꽃을 유심히 바라보곤 합니다. 지난겨울 앙상한 나무를 보고 있으니 마치 죽은 것 같이 느껴지더군요. 하지만 시간이 흘러 봄이 오자 언제 그랬냐는 듯이 이파리를 무성하게 달고 신록을 자랑했습니다. 시련은 누구에게나 찾아옵니다. 겨울에 앙상한 가지뿐이었던 나무가 봄이 되면 아름다운 이파리들을 갖게 되듯이, 지금의 고난이 미래의 성공으로 이어질 것이라는 믿음을 가져야 합니다.

그 믿음을 잃지 않는다면, 그리고 나의 용기, 배짱, 운명, 숙명을 믿고 지금의 고난에 위축되지 않으면서 담담하게 '할 일'을 해간다면, 멋진 봄날이 우리를 찾아올 겁니다.

실패 속에
내재된
성공의 씨앗

우리는 성공에 기뻐하고 실패에 절망합니다. '일희일비一喜一悲'하는 것이지요. 하지만 길게 보면 성공과 실패라는 것이 그렇게 단순하지만은 않다는 걸 알게 됩니다. 성공 때문에 깊은 수렁에 빠지기도 하고, 실패 때문에 오히려 큰 성취를 얻기도 합니다.

고인이 된 스티브 잡스. 그가 지난 2011년 8월에 지병으로 경영 일선에서 물러났을 때 《보스턴 글로브》가 〈실패를 딛고 전진하다〉라는 기사에서 잡스의 실패와 성공에 대해 이야기했습니다.

실패로 유명한 리사 컴퓨터는 나중에 매킨토시의 성공으로 이어졌고, 넥스트 컴퓨터도 시장에서 좋은 반응을 얻지 못했지만 그 운영체제가 오늘날 일반적인 맥 소프트웨어의 기초가 되었습니다. 아이팟을 결합한 라커폰ROKR phone도 실패했지만 그 개념은 결국 아이폰으로 등장했습니다. 모두 당시에는 '대실패'로 여겨졌지만, 실제로는 '실패

속에 내재된 성공의 씨앗'들이었던 셈이지요.

    요즘 성과가 나오지 않는다고, 실패를 경험했다고 의기소침해 있습니까? 성공했다고 기쁨에 들떠 지내시나요? 성공과 실패는 그렇게 단순하지 않습니다. 일희일비할 필요가 없습니다.

    성공이 머지않아 '깊은 수렁'이 될 수도 있고, 실패가 '성공을 위한 소중한 정보와 경험'이 될 수도 있습니다. 그러니 성공에 기뻐하고 실패에 절망할 필요는 없습니다.

    성공을 만나면 더욱 겸손해지고, 실패에 빠지면 그 속에 있을 '성공의 씨앗'을 담담하게 찾아볼 수 있으면 좋겠습니다.

세상은 딱딱하다, 두려움 없이 씹어라

세상은 녹록하지 않습니다. 무얼 하나 이루려면 여러 어려움을 이겨 내야 합니다. 하지만 우리는 종종 앞에 놓여 있는 장애물이 너무 힘겨워 보여 지레 포기하기도 하고 중도에 그만두기도 합니다.

《파우스트》, 《젊은 베르테르의 슬픔》 등을 쓴 대문호 요한 볼프강 폰 괴테(1749~1832)는 이렇게 말했습니다.

"세상은 죽이나 잼으로 만들어져 있지 않다. 그러니 딱딱한 것들을 두려움 없이 씹어라. 목에 걸려 버리든가, 소화해 내든가 둘 중 하나다."

세상이 죽이나 잼처럼 부드럽고 편안하기만 할 거라는 기대는 '환상'입니다. 세상은 딱딱하고, 단단하고, 거칩니다. 그러니 그런 기대는 접어 버리는 것이 현명합니다. 그리고 그 딱딱한 것들을 두려움 없이 씹어야 합니다. 괴테의 말처럼, 내 목에 걸려 버리든가 아니면 내가 소화해 내든가 둘 중 하나일 테니까요.

딱딱한 것들을 삼켜 소화해 내는 과정을 통해 내가 성장합니다.

자발적인
위기감,
자발적인
고난

고난을 겪은 쌍골죽과 석상오동만이 최고의 대금과 거문고가 될 수 있다면, 적당한 고난과 좌절이 단단한 성장을 가능케 해주는 거라면, 그렇다면 이렇게 해보는 건 어떨까요.

자발적으로 위기감을 느껴 보고, 자발적으로 고난을 자처해 보는 겁니다. 너무 편안하게만, 안전하게만 가려 하지 않고, 적절한 불안과 힘겨움을 느끼려 노력하는 겁니다.

세계적인 기업인 마이크로소프트 사는 전성기를 구가하던 시절에 자신을 '도산 2년 전'인 상황에 처해 있다고 가정하며 지냈습니다. 지금 아무리 커다란 수익을 올리고 있다 해도, 급변하는 세상에서 방심했다가는 2년 뒤에 회사 문을 닫는 상황으로 전락할 수도 있다고 생각하며 지낸 것입니다.

그런 '자발적인 위기감'으로 무장했기에, 성공에 자만해 나태해지지 않고 1등을 유지했던 것이었겠지요. 애플과 구글의 등장으로 수년 전부터는 '최고 기업'이라는 명성이 흔들렸지만, 그래도 지금의 위상을 유지하는 것은 이처럼 자발적 위기감을 갖는 정신이 회사에 남아 있기 때문이겠지요.

'자발적인 고난'도 마찬가지입니다. 지금 힘들지 않다면 그건 너무 안전하게만 가고 있어 그런 것이 아닌지 돌아보고, 자발적으로 변화와 도전을 시도해 보는 것입니다.

불안과 고난을 겁내고 피하려 하기는커녕, 반대로 자발적인 위기감과 자발적인 고난을 자처할 수 있다면 우리는 그만큼 단단해질 수 있을 겁니다.

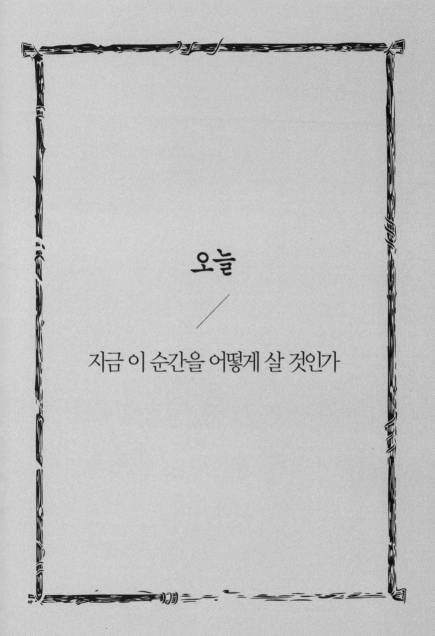

오늘

지금 이 순간을 어떻게 살 것인가

나무를 심어야 할

가장 좋은 시기는 20년 전이었다.

그다음으로 좋은 시기는 바로 지금이다.

카르페 디엠,
짧은 인생을
소중하게

얼마 전 인터넷에서 구한말의 사진을 보았습니다. 한 외국인 선교
사가 찍어 보관하고 있던 오래된 사진들을 후손이 언론에 공개한 것
이었지요. 꼿꼿한 노인, 강건해 보이는 장년, 순박한 모습의 부녀자
들….

오래전 사진을 보면 예전에는 집이나 자연 풍광이 눈에 들어왔는
데, 언제부턴가는 사람들의 얼굴에 눈이 갑니다. 생생한 표정을 짓고
있는 그들의 얼굴이 보입니다. 그들이 지금은 모두 이 땅에 없다는 데
생각이 미치고부터입니다. 마흔이 넘어서부터였던 것 같습니다.

로마제국의 제16대 황제이자 스토아철학자였던 마르쿠스 아우렐
리우스는 《명상록》에서 이렇게 말했습니다.

"온갖 부류의, 온갖 직업의, 온갖 민족의 사람들이 이미 죽었다는
사실을 늘 명심하라. … 우리는 놀라운 웅변가들이, 헤라클레이토스

와 피타고라스와 소크라테스 같은 존엄한 철학자들이, 이전의 그토록 많은 영웅들이, 후일의 그토록 많은 장군들과 참주들이 머무는 곳으로 가야 한다. … 이들 모두가 이미 오래전에 무덤 속에 누워 있다는 것을 명심하라."

그렇습니다. 그들 모두가 그랬듯, 우리는 언젠가 죽습니다. 그뿐만이 아닙니다. 언제 어떤 일로 죽을지조차 모릅니다. 그런데 소크라테스나 이율곡, 진시황이 죽었다는 사실은 인정하면서도 나만은 거기에 해당되지 않을 것처럼, 천년만년 살 것처럼 행동합니다. 그렇게 오늘을 살아갑니다.

이미 이 세상에 없는 평범한 사람들의 얼굴이 담긴 오래된 사진을 볼 때마다, 그래서 생각하게 됩니다.

'오늘을 어떻게 살 것인가.'

"인생은 짧다. 희망을 크게 갖지 말라.
우리가 이야기하고 있는 순간에도 시샘하는 시간은 지나가나니.
오늘을 붙잡으라, 내일은 최소한만 믿으라."

호라티우스의 〈송시〉에 나오는 문구입니다. '오늘을 붙잡아라', '카르페 디엠carpe diem'으로 우리에게 익숙한 구절이지요. 호라티우스는 "오늘을 붙잡으라"라고 말합니다. 무슨 의미일까요?

어떤 이들은 '어차피 인생은 짧으니 내일은 고민할 필요가 없다, 오로지 오늘을 최대한 즐기자'는 뜻으로 받아들입니다. '내일은 오지

74

않을지도 모르는 거 아니냐. 그러니 우리에게 내일은 없다'고 생각하는 것입니다.

물론 호라티우스의 말은 그처럼 단순한 쾌락주의가 아닙니다. 술이나 마약, 사치같이 지금 즉시 쾌감을 주는 것들은 대개 그 짧은 '축제'의 시간이 끝나면 당시의 쾌감보다 더 큰 허무감을 가져다줍니다. 만약 그것들이 인간에게 지속적인 만족과 행복을 줄 수 있다면 우리가 이런 생각에 대해 뭐라 할 수는 없겠지요. 하지만 그건 우리를 더 목마르게 만들 뿐입니다. 우리가 걸을 길은 아닌 겁니다.

다른 이들은 오늘을 붙잡으라는 말을 '우리 인생은 짧다. 그 짧디 짧은 인생의 한 부분이 바로 오늘이니 정말 소중하게 사용해야 한다'는 의미로 해석합니다. 오늘은 내게 주어진 유한한 시간이니 소중하게 활용하고 헛되이 보내지 말아야겠다는 생각입니다. 그들은 그래서 하루하루를 '인생의 마지막 날'이 될 수도 있다는 생각으로 간절하게 살아야 한다고 생각합니다.

우리는 언제 죽을지 모르기에 내일은 오지 않을 수도 있습니다. 하지만 내일이 올 수 있다는 것도 분명합니다. 사실 짧게 보면 대부분의 경우 내일은 옵니다. 그러니 마찬가지로 소중한 시간인 내일에 대한 희망을 포기하면 안 되겠지요. 다만 호라티우스는 우리의 짧은 인생을 고려해서 희망을 너무 무모하게 갖지는 말자고 조언한 겁니다. 그러니 그의 말을 계획을 세우지 말라는 얘기가 아니라 인간이 가지고 있는 시간과 능력의 한계를 잊지 말고 '겸허'하게 지내자는 의미로 이해하면 좋겠습니다.

여기서 중요한 게 하나 등장합니다. '인생의 목표', '꿈'입니다. 소중한 내 삶에서도 가장 중요한 무언가, 그것이 바로 목표입니다. 그것이 있어야 오늘을 '제대로' 잡을 수 있습니다.

그걸 모르거나 잘못 알고 있다면, 우리는 다른 허무한 것을 붙잡으려 할 것이고, 그렇게 우리의 소중한 하루하루는 허비될 겁니다. 반대로 인생의 목표가 명확하다면 무의미한 것을 좇아 헤매거나 미래에 대한 두려움과 과거에 대한 후회에 휩싸여 시간을 헛되이 보내지 않고, 그 목표를 향해 똑바로 인생의 배를 조정해 갈 수 있겠지요.

우리의 짧은 인생, 의미 없이 낭비해서는 안 되겠습니다. 자신이 소중하게 생각하는 가치와 대상, 사람을 위해 오늘을, 지금을 붙잡아야겠습니다. 이루기 위해 시간을 투자해야 한다면, 겸허한 자세로 오늘 이 순간을 그것을 준비하는 데 바쳐야겠지요.

그리고 멈춰 서서 이 순간의 주변을 둘러보고 내가 사랑하는 사람과 푸른 하늘, 아름다운 새소리 등을 절실하게 느끼고 만끽하며 그들의 존재에 감사해야겠습니다.

내 인생에서 가장 소중한 목표를 이루기 위해 겸허한 자세로 지금 준비하고 노력하는 것, 그리고 지금 이 순간을 느끼고 감사하는 것, 그것이 '오늘을 붙잡는 것'입니다. 짧아서 더욱 소중한 우리의 인생을 사는 방법입니다.

잠시의 쾌락과
인생의 열정을
혼동한다면

'잠시의 쾌락'과 '인생의 열정'은 자칫 혼동하기 쉽습니다. 언뜻 비슷하게 느껴지기 때문입니다. 하지만 이를 혼동하면 '인생의 목표'를 찾는 데 실패하고, 결국 우리의 소중한 하루하루를 허비하게 됩니다.

우리는 잘할 수 있으면서 동시에 '진정으로 원하는' 일을 택할 때 보람과 행복을 만들어 갈 수 있습니다. 그런데 자칫하면 그 '진정 원하는 일'을 '잠시의 쾌락'과 혼동할 수 있지요.

"쾌락은 지속성이 없고 쉽게 얻어지는 것입니다. 어릴 땐 사탕과 초콜릿, 학생 때는 컴퓨터게임이 대표적이죠. 잠깐의 쾌락과 인생의 열정을 구분하지 못하는 것은 실패한 인생의 시작입니다. 마스터가 된 사람들은 진정한 인생의 기쁨이 단기적 쾌락이 아닌 장기적 성취에서 온다는 것을 어릴 때 깨닫습니다. 부모는 자식에게 영재교육을 하기보다 단기적 쾌락이 아닌 장기적 성취가 주는 기쁨을 깨우쳐 줘야 합니다."

《마스터리의 법칙》을 쓴 로버트 그린의 말입니다.

인생의 목표는 '진정 원하는 일'이어야 하고, 그것은 '잠시의 쾌락'이 아닌 '인생의 열정'이어야 합니다.

열정을
구조화하고
규칙화하라

열정에는 '구조화'와 '규칙화'가 필요합니다. 그것은 곧 자신만의 원칙을 정해서 꾸준히 노력한다는 것을 의미하지요.

소설가 존 그리샴. 《그래서 그들은 바다로 갔다》, 《펠리컨 브리프》 등으로 유명한 그는 미국 남부에서 평범한 변호사 생활을 하다가 소설가로 변신한 인물입니다.

그리샴은 글을 쓰고 싶다는 '인생의 열정'을 구조화하고 규칙화했습니다. 변호사 일을 하면서 틈틈이 글을 쓸 때 자신만의 원칙을 정해 지킨 겁니다. 주중에는 매일 새벽 5시에 일어나 5시 30분에 사무실에 도착해 글을 썼습니다.

그는 변호사 시절 《샌프란시스코 크로니클》과의 인터뷰에서 자신이 '중요한 의식'을 행한다며 이렇게 말했습니다.

"5시에 자명종이 울리면 바로 샤워하러 달려갔어요. 제 사무실은 집에서 5분 거리에 있었죠. 일주일에 5일 동안 하루도 빠짐없이 5시 30분에 사무실에 있는 제 책상에 앉아서 커피 한 잔과 리갈 패드를 갖다 놓고 첫 낱말을 썼어요."

그가 정한 목표는 매일 글 한 쪽을 쓰는 것이었습니다. 10분이 걸리는 날도 있었고 한 시간이 걸리는 날도 있었다고 합니다. 중요한 것은 '매일 새벽 5시 30분부터 글 한 쪽씩'이라는 자신의 원칙이었습니다.

새벽 5시에 샤워기 앞으로 달려가는 그리샴의 모습을 떠올리면서 내가 가진 열정을 어떻게 '구조화'하고 '규칙화'할지 생각해 보아야겠습니다.

나무를 심어야 할
가장 좋은 시기는 20년 전…
그다음은 바로 지금입니다

얼마 전 아프리카 경제에 관한 책을 읽다가 멋진 아프리카 속담과 만났습니다.

"나무를 심어야 할 가장 좋은 시기는 20년 전이었다. 그다음으로 좋은 시기는 바로 지금이다."

그렇습니다. 20년 전에 나무를 심었다면 가장 좋았을 겁니다. 그랬다면 지금 그 과실을 수확할 수 있을 테니까요. 하지만 그러지 못했더라도 실망할 필요는 없습니다. 20년 전 다음으로 나무를 심기에 좋은 시기, '지금'이 우리 눈앞에 있으니까요.

앞날을 생각하면 막막해질 때가 있습니다. 그래서 시작도 못하고 비관에 빠지기도 합니다.

그럴 때 '냉철한 낙관주의'는 우리에게 이렇게 말합니다. 미래는 선택이지 운명이 아니라고. 그러니 쉽지 않은 건 사실이지만 희망을 잃지 말라고.

　"이미 늦은 건 아닌가요?"라는 질문에는 이렇게 대답합니다.

　"우리는 시간이 정말 많습니다, 지금 바로 시작한다면 말이에요."

　바로 그 오늘입니다. 지금 '나무'를 심어야겠습니다.

내일부터
시작해서는
도달할 수 없다

혹시 '내일'부터 시작하려는 결심이나 계획이 있습니까? 우린 무언가를 결심하곤, 그 실행을 오늘이 아닌 내일로 미룰 때가 많습니다.

17세기의 시인이자 종교철학자인 존 던은 이렇게 말했습니다.

"내일부터 시작해서는 영원에 도달할 수 없다."

'오늘', '지금' 시작해야 합니다. 그래야 목표에, 사명에, 꿈에 도달할 수 있습니다. 피터 드러커는 이렇게 말했습니다.

"긴 안목으로 시작하되 다시 원점으로 돌아가서 '우리가 오늘 해야 할 일은 무엇인가?'라고 물어야 한다. 궁극적인 시험은 사명선언문의 미사여구가 아니다. 최종적인 시험은 당신의 실행이다."

내일부터 시작해서는 도달할 수 없습니다.

'내가 오늘 해야 할 일은 무엇인가?'를 물어야겠습니다.

'후회하고 있는 나'를
바꾸기 위해
미래에서 온 현재의 나

우리는 자주 '후회'를 합니다.

'고등학생 때 좀 더 열심히 공부할걸. 그랬으면 지금 내가 더 좋은 직업을 갖고 더 행복하게 살 수 있었을 텐데…'

'6년 전 영어 학원 새벽반에 등록하고 회화 공부를 시작했을 때, 몇 달 하다 그만두지 말고 꾸준히 했어야 했는데. 그랬으면 이번에 나도 이사로 승진할 수 있었을 텐데…'

'4년 전 매일 새벽 운동을 하기로 했던 결심을 지켰어야 했는데. 그랬으면 지금 아프지 않고 건강하고 행복하게 살 수 있었을 텐데…'

후회는 '탄식'으로 이어집니다.

'아, 고등학생 때로 돌아갈 수만 있다면…'

'6년 전으로 시간을 되돌릴 수만 있다면…'

그리고, 그뿐입니다. 또 잊어버리고 하루하루를 살아갑니다. 그러다 어떤 계기가 찾아오면 또 비슷한 후회를 합니다. 그리고 후회만 반복하는 자신에게 실망합니다. 자신에 대한 실망이 포기로 이어지기도 합니다.

〈터미네이터〉라는 영화에는 핵전쟁, 그리고 기계와 인간 간의 싸움이 벌어진 2029년의 비극적인 지구가 나옵니다. 그 비극을 막기 위해 주인공 존 코너는 터미네이터를 1994년이라는 과거로 보냅니다. 그리고 1994년의 현실을 바꿔 2029년의 비극을 막는 데 성공합니다.

이렇게 한번 생각해 보면 어떨까요. 2029년의 내 모습은 이미 결정되어 있습니다. 그런데 내 노력이 부족했는지, 별로 행복한 모습이 아닙니다. 지금의 나처럼 비슷한 후회를 하며 살고 있습니다. 기계와 인간이 전쟁을 벌이는 영화 속 2029년의 암울한 지구처럼 말입니다.

그래서 15년 전의 과거인 2014년으로 나를 보냈습니다. '2014년의 나'를 바꿔서, '2029년의 비극'을 막고 '행복한 나'를 만들기 위해서 말입니다.

지금 내가 '결심'을, '계획'을 지키지 못하면, '불행한 2029년의 나'의 모습은 바뀌지 않습니다. 하지만 지금 내가 최선을 다하면, 2029년의 나를 '행복한 모습'으로 만들어 갈 수 있습니다. 지금 고등학생 시절인 1981년으로 되돌아가 학업에 열중할 수는 없지만, 2029년에서 2014년으로 돌아와 '새로운 나'를 만들 수는 있습니다.

지금 우리는 2029년에서 왔습니다. 지난 세월을 헛되이 보냈다고 후회하고 있는 2029년의 나를 바꾸기 위해 터미네이터처럼 미래에서 왔습니다. 지금 나를 바꾸지 못하면, '나의 2029년'은 변하지 않습니다. 하지만 지금 나를 바꾸면, '나의 2029년'은 바뀔 수 있습니다.

2029년 어느 아침에, 2014년을 회상하며 후회하지 않을 수 있는 마지막 기회. 바로 지금입니다.

작은 것부터,
지금
당장

항상 생각과 계획만 많고 실행은 부족함을 느낍니다.

'거창한 것', '그럴듯한 것', '정답'에 매달려 생각만 하면서 한 발자국도 앞으로 나아가지 못하는 경우도 많습니다. '작은 것'부터, '지금 당장' 시작하는 것이 중요합니다.

중앙 일간지 CEO를 지낸 한 선배가 어느 날 "지금 당장 씨앗을 뿌려라"라고 말하더군요. 땅을 조금 더 일군 뒤에, 더 좋은 씨앗을 찾아본 뒤에… 우리는 이런저런 이유를 대면서 씨앗 뿌리기를 미룰 때가 많습니다. 그러다가 시작도 해보지 못하고 1년, 2년, 10년이 금세 지나갑니다.

씨앗 한 봉지에 1000원밖에 하지 않으니 오늘 당장 사서 뿌리는 게 좋겠습니다. 마음에 들지 않으면 다시 뿌리면 됩니다.

괴테도 이렇게 말했더군요.

"무엇을 해야 할 것인가, 어떻게 해야 할 것인가, 그런 생각만 하고 있다면 아무 일도 하지 못한 채 10년이 훌쩍 지나가 버릴 것이다."

"대작은 조심해야 한다. 재능이 뛰어난 사람, 그리고 거듭 노력하는 사람일수록 대작 때문에 고생하는 법이다. 나 역시 고생했다."

작은 것부터, 지금 당장 시작해야 합니다.

지금 하고 있는
일부터
최고가 되어야

지금 하고 있는 일이 시시하거나 하찮다는 생각이 듭니까? 그래서 오늘 최선을 다하지 않고 대강대강 하고 있지는 않나요?

'이건 아니야. 내 꿈은 훨씬 더 큰 거야.'

나중에, 언제일지는 모르지만 나중에 내가 정말 하고 싶은 일을 할 때, 남들이 봐도 그럴듯한 일을 할 때, 그때는 최선을 다하리라, 그래서 최고가 되리라 생각하고 있지는 않나요.

미국 17대 대통령 앤드루 존슨은 세 살 때 아버지를 잃었습니다. 배불리 먹는 것이 소원이었던 소년은 열네 살 때 양복점 점원으로 들어가 재봉 기술을 익혔고, 열여덟 살 때 구두수선공의 딸과 결혼했습니다. 결혼한 뒤에야 아내에게 글을 배우고 책을 읽을 수 있었지요.

그가 시의회 의원으로서 연설을 할 때 군중 속에서 누군가 소리쳤습니다.

"양복쟁이 출신 주제에!"

존슨은 그 빈정거림을 부드럽게 받아넘겼습니다.

"어떤 신사께서 제가 재단사였다고 말씀하시는군요. 뭐 괜찮습니다. 그 일을 할 때도 저는 일등이었기 때문입니다. 저는 손님과의 약속을 꼭 지켰고 제 옷은 언제나 최고였죠."

젊은 시절 '최고의 재단사'였던 앤드루 존슨은 끊임없는 노력 끝에 '최고의 정치인' 자리에 올랐습니다. 링컨이 암살당하자 대통령직을 승계했고, 알래스카를 러시아로부터 720만 달러에 매입했습니다.

그가 젊은 시절 '삼류 재단사'로 살았다면, 결코 '일류 정치인'이 되지는 못했을 겁니다. 아마도 끊임없이 불평을 해가며 '삼류 재단사'로 살아가다 삶을 마감했겠지요.

지금 맡고 있는 일이 무엇인지는 중요하지 않은 것 같습니다. 지금 하고 있는 일에서 최고가 되는 사람만이 훗날 진짜로 원하는 일을 할수도 있고, 그때도 최고가 될 수 있습니다. 오늘을 충실히 살면서, 지금 하고 있는 일에서 최고가 되어 봅시다.

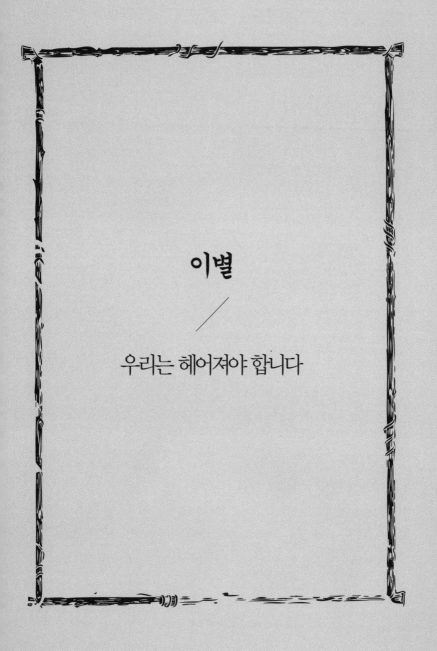

이별

우리는 헤어져야 합니다

모든 것의 시작은 위험하다.

그러나 그것이 무엇이든

시작하지 않으면 아무것도 시작되지 않는다.

익숙해짐,
축복이자
걸림돌

익숙해진다는 것. 그건 인간에게 '축복'이자 '걸림돌'입니다.

도스토옙스키가 표현한 대로 인간은 '모든 것에 익숙해질 수 있는 존재'입니다. 그래서 힘든 일도 견뎌 낼 수 있지요. 인간이 생존해 갈 수 있는 힘의 원천입니다.

부모님께서 돌아가셔서 하늘이 무너지는 슬픔을 겪어도, 실연을 당해 힘이 들어도 시간이 흐르면 바뀐 상황에 적응을 합니다. 그럴 수 있으니 살아갈 수 있는 겁니다. 군에 입대하거나 교도소에 수감되는 등 새로운 환경에 처하면 처음엔 못 견딜 정도로 힘이 듭니다. 하지만 시간이 지나면 익숙해집니다. 일부는 오히려 바깥세상으로 나가게 되는 걸 두려워하기도 합니다. 도스토옙스키는 자신의 실제 경험이 담긴 시베리아 수용소에 대한 이야기인 《죽음의 집의 기록》에서 이렇게 썼습니다.

"어둠이 깃들자 우리는 모두 밤새도록 빗장이 걸리는 옥사 안으로 들어갔다. 마당에서 우리의 옥사로 돌아오는 일은 내겐 언제나 괴로운 일이었다. 옥사는 유지로 만든 양초가 희미하게 비추고 있고, 숨막힐 듯한 무거운 냄새로 가득 찬, 길고 좁고 후텁지근한 방이었다. 지금 생각해 보면, 어떻게 내가 이곳에서 10여 년을 살아왔는지 이해할 수가 없다. 평상 위에 나의 몫이란 세 장의 판자뿐이었다. 그렇지만 이것이 나의 모든 공간이었다. 이 방 안의 평상에만도 30명이 자리를 잡고 있는데, 겨울에는 일찍 빗장을 지르는 까닭에 모두들 잠들 때까지 네 시간이나 기다려야만 했다. 하지만 그전까지는, 웅성거리는 시끄러운 소리와 웃음, 욕설, 쇠사슬소리, 악취와 그을음, 삭발한 머리들과 낙인찍힌 얼굴들, 남루한 의복, 이 모든 것이 욕설과 혹평의 대상이 되곤 했다.

그렇다, 인간은 불멸이다! 인간은 모든 것에 익숙해질 수 있는 존재이며, 나는 이것이 인간에 대한 가장 훌륭한 정의라고 생각한다."

혹한이나 혹서 등 날씨도 그렇습니다. 나는 도저히 못 살 것 같은 알래스카나 적도 지역에서 사는 사람들도 그 기후에 익숙해진 것입니다.

그런데 이런 '익숙해짐'이 종종 우리의 발목을 잡습니다. 자신도 모르게 '일상'에 익숙해져, 현실이 만족스럽지 못한데도 체념하며 그대로 '안주'합니다. 현재에 대해 '의문'을 품지 않으며 살아갑니다. 새로운 것, 낯선 것에 대한 '도전'을 회피하고, 때론 두려워하면서 현실을 묵묵히 받아들이는 것이지요.

　지금, 일상이 너무도 익숙하십니까? 그렇다면 무언가 '변화'를 시도해야 할 때가 온 겁니다. 자신도 모르게 현실에 적응해 살아가도록 만드는, 그래서 자신의 미래에 걸림돌이 되고 있는 '익숙함'과 이별해야 하는 것이지요. 이제 '낯섦'과 '새로움'을 향해 나아갈 시점입니다.

편안함,
지금 위험하다는
신호

우리에게 변화가 필요한 시점이라는 것을 알려주는 '사인'이 하나 더 있습니다. '편안함'입니다.

사실 편안함과 익숙함이 영원히 계속될 수 있는 것이라면, 굳이 변화를 시도할 필요가 없을지 모릅니다. 지금처럼 편안하게 살아가는 것이 현명한 것일 수도 있겠지요. 하지만 기업의 역사, 국가의 역사, 개인의 인생을 조금만 살펴보아도 그건 불가능하다는 것을 쉽게 알 수 있습니다. 달도 차면 기울고, 성하면 쇠하기 마련입니다.

영국의 경영사상가 찰스 핸디는 《포트폴리오 인생》에서 이렇게 말했습니다.

"너무 편안하고 삶이나 일이 마음대로 된다 싶으면, 만족감 때문에 본인이 안전하다는 착각에 빠지게 되고 방심하기 쉽다. 그러므로 성공에 안주하는 것은 항상 위험하다. 개인의 삶에서든 사업에서든."

핸디는 S자를 옆으로 누인 곡선에 대해 이야기합니다. 쇠퇴—융성—쇠퇴를 반복하는 곡선입니다. 개인, 상품, 조직, 국가 등 모든 것은 성장하면 쇠퇴하기 마련입니다. 저점을 지난 곡선은 위로 향해 올라갑니다. 모든 것이 잘 돌아가는 시기이지요. 하지만 그 성공의 시기는 영원할 수 없습니다. 경쟁자들의 출현 때문이든, 자신의 자만이나 나태 때문이든 언젠가는 주춤하게 됩니다. 그러곤 정점을 지나 하향 곡선을 그리게 됩니다.

많은 기업이나 개인, 국가는 이렇게 곡선이 아래를 향해 곤두박질할 때야 비로소 위기감을 느끼고 변화를 시도합니다. 하지만 이미 늦은 경우가 대부분입니다.

사이클이 하향 곡선을 그리기 전에, 즉 정점에 오르기 전에 변화를 모색하는 것이 효과적입니다. 그래야 또 다른 상승 곡선을 탈 수 있습니다. 핸디는 일이 잘 돌아가는 상승기에, 모든 것이 마냥 좋아 보이는 시기에 변화를 시작해야 한다고 말합니다. 편안할 때 새로운 것을 시작해야 한다는 이야기입니다.

물론 즐거운 파티가 한창인데 중간에 일어선다는 게 쉽지는 않습니다. 기업이든 개인이든 상황이 잘 돌아가고 있을 때 그걸 포기하고 자발적으로 '다른 길'을 모색한다는 건 보통 어려운 일이 아닙니다. 머지않아 위기가 닥친다는 걸 안다 해도, 그냥 지금처럼 계속 가는 것이 당장은 편안합니다. 하지만 그 편안함의 끝은 분명합니다. 디지털 사진의 시대가 도래하리라는 것을 누구보다 먼저 알았고 관련 기술도 갖고 있었던 코닥이 필름 사진 시장에서 '편안한 1등의 자리'에 안주했다가 결국 파산한 것이 대표적인 사례입니다.

편안함은 우리에게 변화가 필요한 시점이 왔다는 것을 알려주는 분명한 '사인'입니다. 멀리 보면 편안함은 지금 위험하다는 신호입니다. 불편하다면 오히려 안전한 겁니다.

지금, 편안하십니까. 그건 무언가 '변화'를 시도해야 할 때가 왔다는 의미입니다. 이제 편안함과 헤어질 시간입니다.

무리, 가끔은
자기 성찰을 위한
자발적 고립을

가끔은 무리와 이별하고, 자기 성찰을 위한 '자발적 고립'을 선택해야 합니다.

우리는 함께 모여 있을 때 편안함을 느낍니다. 군중 속에, 무리 속에 있을 때 안심이 됩니다. 그러다 무리에서 떨어져 홀로 있게 되면 불안해지지요. 대개는 그 불안을 참지 못하고 어떻게든 무리 속으로 돌아가려 합니다. 개인도, 기업도 그렇습니다.

편안함은 종종 위험합니다. 무리 속의 편안함도 마찬가지입니다. 무리 속에서 바쁘게 지내다 보면 자신과 대면하기도, 목적지에 대해 숙고하기도 쉽지 않습니다. 홀로 있을 때 내가 누구이고, 지금 어디를 향해 가고 있는지 생각할 수 있습니다. 가끔은 '자발적 고립'을 선택해야 나 자신과 대화하고 목적지에 대해 곰곰이 생각할 수 있습니다.

당장 편안하려 한다면 무리 속에 머물러야 하겠지만, 그래서는 본래의 목적은 잊은 채 그럭저럭 지내게 되기 쉽습니다. 가끔은 무리가 주는 안온함을 박차고 나와야 합니다. 불안해야 대안을 찾아 나설 수 있습니다. 그제야 비로소 의문이 생기고, 새로운 것이 눈에 들어옵니다.

니체는 우리에게 시장을 떠나 고독으로 돌아가라고 말합니다.

"예로부터 시장과 명성으로부터 동떨어진 곳에서 위대한 것이 탄생했으며, 진리가 발견되었다. 그러므로 고독으로 돌아가라. 시장에서는 똥파리들에게 시달릴 뿐이다. 거센 바람이 사정없이 부는 곳으로 가라."

"고독한 형제여, 당신의 사랑과 창조와 함께 당신의 고독으로 돌아가라. 정의는 때가 되면 절룩거리며 당신을 따를 것이다."

톨스토이도 《인생이란 무엇인가》에서 이렇게 메모했습니다.

"진정한 길은 좁아서 한 사람씩밖에 들어갈 수 없다. 거기에 들어가려면 군중과 함께 걸어갈 것이 아니라 부처나 공자, 소크라테스, 그리스도 같은 고독한 사람의 뒤를 따라야 한다."

로마의 스토아철학자이자 정치가인 세네카는 〈마음의 평정에 관하여〉에서 이렇게 말했습니다.

"우리는 분주히 돌아다니는 것을 멈추어야 하네. 많은 사람은 집과 극장과 광장을 돌아다니며 남의 일에 개입하고 늘 바쁜 듯한 인상을 준다네. 그 가운데 한 명이 외출을 하는데 '어디 가시오? 무슨 용건으로 가시오?' 하고 자네가 묻는다면 그는 '나도 모르겠소. 그러나 만나볼 사람들이 있고 볼일이 좀 있소라고 대답할 것이네."

　물론 고독만이 해답은 아닙니다. 고독과 '소통'이 함께 가야 합니다. 창의성이나 독창성은 '고독에 기반한 소통'에서 나오는 경우가 많습니다. 발명왕 토머스 에디슨이 그 많은 발명을 해낼 수 있었던 것은 홀로 어두운 방에 틀어박혀 있었기 때문만이 아니라, 고독에 더해 다양한 사람들과 소통하면서 협업했기 때문이었습니다. 소통의 결과물을 결합하고 정리하는 자신만의 시간이 필요한 겁니다.

　헨리 데이비드 소로(1817~1862). 그는 친구이자 멘토인 에머슨이 "진실로 행복하고 생산적이기 위해서는 군중에서 벗어나 '홀로 있을 때 들려오는 목소리'를 들어야 한다"고 조언한 것을 실천하기 위해 잠시 '자발적 고립'을 선택했습니다. 자신의 내면에 집중하기 위해, 매사추세츠 주 콩코드에 있는 에머슨 소유의 월든 호숫가에 조그마한 오두막을 짓고 2년 2개월 동안 살았지요. 《월든Walden》(1854)이라는 책은 그가 그곳에서 홀로 생활하며 지낸 경험을 바탕으로 쓴 에세이입니다.

　소로는 《월든》의 〈방문객들Visitors〉이라는 장에서 이렇게 말했습니다. 멋진 표현이니, 원문을 소개해 드립니다.

　"I had three chairs in my house; one for solitude, two for friendship, three for society."

그의 작은 오두막에는 의자가 세 개 있었습니다. 한적하게 혼자 있을 때는 하나를, 친구가 찾아오면 두 개를, 교제를 할 때는 세 개를 썼습니다. '고독을 위한 의자', '우정을 위한 의자', '세상을 위한 의자'인 셈입니다. 그 세 가지가 네댓 평 정도 되는 그의 오두막에 모두 있었던 겁니다.

소로는 가로 3미터, 세로 4.5미터에 불과한 오두막에서 살았고 '은둔 생활'로 유명해졌지만, 사실 소로는 '은둔자'만은 아니었습니다. 그리 멀리 떨어져 있지 않은 읍내에도 나갔고 방문객들을 맞이하고 대화를 나누기도 했습니다. 작은 오두막에 30명까지 모여 즐거운 시간을 보내기도 했습니다. 그가 정확히 표현한 대로 2년여의 월든 생활에서 소로는 세 개의 '공간'을 가지고 있었습니다. 홀로 생각하는 공간, 친구와 우정을 나누는 공간, 그리고 세상과 교류하는 공간. 이 세 가지를 '모두' 가졌다는 것이 중요합니다. 우리에게는 세 가지가 모두 필요합니다.

홀로 내 자신과 대면해 대화해 본 적이 언제였던가요. 충만한 삶을 살아가기 위해 가끔은 무리와 이별하고 자기 성찰을 할 수 있는 공간과 시간을 만들 필요가 있습니다. 한편에 소로의 '고독을 위한 의자'를 하나 마련해 그 의자에 정기적으로 앉는 시간을 가져야겠습니다.

미루기,
실패에 대한
두려움 때문

우리가 이별을 고해야 할 또 하나의 유혹은 '미루기'입니다. 미루기는 우리에게 친숙한 존재입니다. 많은 이들이 아침에 출근하면 인터넷 뉴스를 읽거나 이메일부터 확인합니다. 신문을 뒤적이거나 커피를 같이할 동료를 찾는 경우도 많습니다. 담배부터 피우기도 합니다. '중요한 일'을 바로 시작하지 않고 미루는 겁니다.

중요해서 부담스러운 일은 일단 미루어 놓습니다. 그리고 사소해서 부담스럽지 않은 일로 가장 소중한 아침 시간을 허비합니다. 목표 달성을 위한 시간 경영에서 가장 중요한 것이 이 '미루기'라는 함정에 빠지지 않는 것인데도, 우리는 이렇게 중요한 것을 미루면서 목표와 점점 멀어져 갑니다.

어느 날 문득 내게 미루는 습관이 있다는 걸 깨닫고는 자신의 게으름을 자책합니다. 하지만 닐 피오레는 《지금 바로 실행하라 나우》에서 많은 경우 일을 미루는 것은 그 사람이 게으르기 때문은 아니라고 말합니다. 실패에 대한 두려움, 불완전함에 대한 두려움이 일을 미루게 만든다고 해석합니다. 일단 미루어 놓으면 잠시나마 두려움을 줄일 수 있고 긴장에서 벗어날 수 있으니까요. 심리의 문제인 셈입니다.

닐 피오레는 '미루기'와 이별할 수 있는 구체적인 방법도 제시합니다. 의식적으로 실패에 대한 두려움을 버리려 노력하면서, 동시에 '생각하는 방식'을 바꾸는 것입니다. "나는 이 일을 해야 한다. 그런데 사실은 하기 싫다. 내가 이 일을 하는 것은 그들이 하라고 명령했기 때문이다." 이렇게 생각하는 사람은 일을 미루기 쉽습니다.

반대로 "나는 이 일을 하기로 스스로 선택했다. 따라서 나는 이 일을 하겠다"라고 생각하는 사람은 일을 미루지 않고 시작할 가능성이 높아집니다.

공수부대에 자원입대한 그의 첫 낙하 훈련 경험은 흥미롭습니다. 많은 병사들이 몸이 경직되어 어정쩡한 자세를 취하며 비행기 출구 안쪽을 짚었습니다. 그러다 하사관에게 등이 떠밀려 비행기 밖으로 떨어졌지요.

하지만 그는 비행기 출구 앞에 서서 자신에게 이렇게 말했습니다. "나는 자원입대를 했어. 이 비행기에서 낙하하는 것은 내가 선택한 일이야." 그는 일부러 비행기 출구의 바깥쪽을 짚었습니다. 그리고 싫지만 뛰어내리지 않으면 안 된다는 생각을 접고, 목표로 정한 하늘의 구름 하나를 응시하며 뛰어내렸습니다.

니체는 《인간적인 너무나 인간적인》에서 이렇게 말했습니다.

"모든 것의 시작은 위험하다. 그러나 그것이 무엇이든 시작하지 않으면 아무것도 시작되지 않는다."

실패나 불완전함에 대한 두려움을 버리고, 이제 '이건 내가 선택한 거야'라고 생각해 보는 겁니다. 그렇게 '미루기'와 이별하는 겁니다.

완벽에의 강박,
이제
허술해지세요

'완벽에 대한 강박'도 우리의 발목을 잡는 마음속의 생각입니다.

우리는 계획만 자꾸 세우거나 계획을 다듬기만 할 때가 많습니다. 그러면서 정작 행동에는 나서지 않습니다. '불완전함에 대한 두려움' 때문입니다. 그 두려움이 실행을 미루게 만듭니다.

완벽만을 생각하는 건 그만하고, 행동을 시작해야 합니다. 저도 그게 쉽지 않아 스스로를 자주 점검해 봅니다. 무언가를 하고 싶다면 우선 '시작'을 해야 합니다. 완벽에만 매달리며 계획을 다듬기만 해서는 정작 그걸 하는 데 시간을 많이 쓸 수 없으니까요.

《유쾌한 크리에이티브》를 쓴 디자인 기업 IDEO의 창업자 데이비드 켈리와 톰 켈리는 말합니다. "허술해지라. 매끄럽게 다듬는 대신 신속하게 실험에 임하라." 같은 맥락의 이야기입니다.

한 도예 선생이 실험을 해보았습니다. 그는 자기 학생들을 두 집단으로 나눴습니다. A집단에게는 최종 작품의 질에 맞춰 점수를 매길 것이라고 말했습니다. 그리고 B집단에게는 최종 작품의 양을 기준으로 평가하겠다고 말했습니다. 예컨대 완성된 작품들 무게의 합이 20킬로그램이 넘으면 A학점을 주겠다는 식이었지요.

학기 내내 A그룹 학생들은 완벽한 작품을 만들어내기 위해 힘을 쏟았습니다. 반면 B그룹 학생들은 수업 시간마다 도자기를 끊임없이 만들어 냈습니다.

학기가 끝났고, 최고의 작품은 모두 양에 치중한 B그룹 학생들에게서 나왔습니다. 대부분의 시간을 '실습'으로 보낸 학생들의 작품이 질적으로도 더 좋았던 것입니다.

"완벽은 '좋은 것'의 적이다. Perfect is the enemy of the good."

프랑스의 계몽주의 철학자 볼테르의 말입니다.

완벽. 의미 자체는 좋습니다. 하지만 우리는 자주 이를 오해하고 '완벽의 덫'에 빠지곤 합니다. 그러고는 '경기장'에 들어가기를 꺼립니다.

잘못된 완벽주의는 탁월해지려 애쓰는 것과는 다릅니다. 그것은 건강한 노력이 아니며, 타인의 시선에 얽매여 방어적인 모습을 보이게 되기 쉽습니다. 실수와 실패에 대한 두려움, 타인의 비판에 대한 두려움 때문에 경기장으로 들어가지 않고 '관중석'에만 머무르려 합니다.

계획만 자꾸 세우고 다듬는 건 이제 그만하고, '행동'을 시작해야 합니다. 완벽에의 강박과 이별하고 '만들기'를 시작해야 합니다. 그러기 위해 '불완전에 대한 두려움'과 헤어져야 합니다.

포기,
도중에 그만두는 것도
습관입니다

도중에 그만두고 싶어지는 마음. 이것도 우리를 자주 괴롭히는 유혹입니다. 포기하려는 마음은 대개 '그럴듯한 이유'와 함께 찾아옵니다. 그래서 그만두는 것이 합리적으로 보이기까지 합니다. 그러다 보면 도중에 그만두는 것이 습관이 되어 버립니다.

《폰더씨의 위대한 하루》를 쓴 앤디 앤드루스. 어느 날 그의 아버지가 그에게 이렇게 말했습니다.

"끈기는 하나의 습관이라는 걸 알았으면 좋겠구나. 도중에 그만두는 것 역시 습관이다. 내가 너한테 해줄 수 있는 가장 큰 일은 끈기 있게 해내는 습관을 기르고 도중에 그만두는 습관을 갖지 않도록 도와주는 거다."

그는 아들에게 '끈기 있게 해내는 습관'을 길러 주었습니다. '도중에 그만두는 습관'은 갖지 말라고 가르쳤습니다. 아버지의 영향으로 앤드루스는 어린 시절에 일단 시작한 일은 끝까지 해야 했습니다. 집집마다 다니며 씨앗을 팔기로 했다면, 다른 아이들은 씨앗을 반품할 수도 있었지만 그는 모두 다 팔아야 했습니다. 크리스마스카드를 팔기로 했다면 한 장도 남김없이 다 팔아야 했지요. 아버지는 이렇게 말했습니다. "앤디, 이 카드를 5월까지 팔아도 좋다만, 어쨌든 한 장도 남겨서는 안 된다."

앤디는 이렇게 가르침을 남겨 준 아버지를 무척 고마워합니다. 그래서였을까요. 그는 《폰더씨의 위대한 하루》 초고를 완성한 뒤 계속된 출판사들의 출간 거절에도 불구하고 도중에 그만두지 않았습니다. 3년 동안 출판사에서 쉰한 번이나 거절을 당했지만 끈기 있게 책을 다듬으며 출판을 시도했습니다. 결국에는 책으로 나왔고, 베스트셀러가 됐습니다.

포기도 습관이고, 계속 하는 끈기도 습관입니다. 이제 '도중에 그만두는 습관'과 이별해야 합니다.

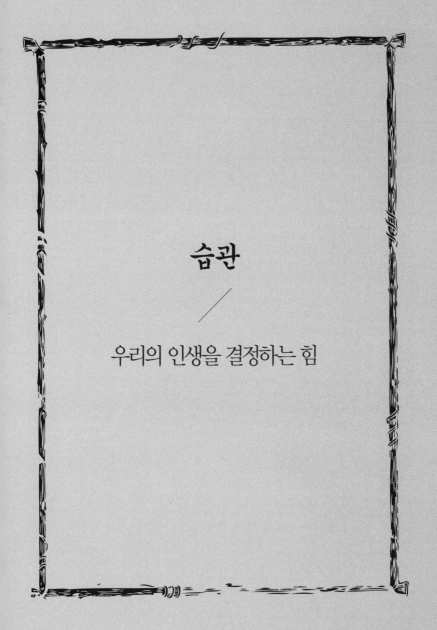

습관

우리의 인생을 결정하는 힘

처음에는 습관의 쇠사슬이
　너무나 가볍기 때문에 느끼지 못하고,
　나중에는 너무 무거워 끊지 못한다.

습관이라는 쇠사슬은
처음에는 너무나 가벼워
느끼지 못한다

'습관'은 처음에 가볍게 시작됩니다. 그래서 잘 느껴지지 않습니다. 그런데 그 습관은 시간이 지나면 무거워집니다. 끊기가 힘들어지는 것이지요. 나쁜 습관도 그렇고 좋은 습관도 그렇습니다.

워런 버핏이 이렇게 말했더군요.

"처음에는 습관의 쇠사슬이 너무나 가볍기 때문에 느끼지 못하고, 나중에는 너무 무거워 끊지 못한다."

습관의 중요성을 강조하는 버핏은 이렇게 조언합니다. 날마다 읽고 배워라. 꾸준히 읽고, 만약 그랬다면 어떻게 됐을까를 생각하는 게임, 그리고 확률과 기술을 요하는 브리지 같은 수학적인 게임을 즐김으로써 정신 상태를 예리하게 유지하라.

말과 글 모두를 의사소통에 활용하라. 서로 존중하라. 자신이 믿고 존경하는 사람들과 어울려라. 예리하고 지능적인 질문을 던져라.

귀담아들어라. 우선순위를 정하라.…

이처럼 우리가 내 것으로 만들면 좋은 습관은 참으로 많습니다. 반대로 우리가 버려야 할 나쁜 습관도 많지요.

지금 어떤 습관을 갖고 있는지 돌아보세요. 간직해야 할 좋은 습관인지, 아니면 버려야 할 나쁜 습관인지. 그것들이 지금은 작고 가벼울 수도 있습니다. 별것 아닌 것처럼 보이고, 미래에 크게 영향을 주지 않을 것으로 생각될 수 있습니다. 그러나 그 사소해 보이는 습관들이 시간이 흐르면 너무 무거워 끊지 못하는 쇠사슬이 되고, 결국 '나의 모습'을 규정할 수 있습니다.

가볍게 시작된 습관이 '미래의 나'를 결정합니다.

나의 길을
가로막는
'사소한 중독'

'몰입'과 '중독'은 다릅니다. 그 대상에 빠져 있기에 겉으로는 비슷해 보여도, 본질은 정반대입니다.

몰입하는 것은 자신의 목표를 정면으로 응시하고 부딪쳐 가는 것입니다. 하지만 무언가에 탐닉하며 헤어나지 못하는 중독은 반대로 목표나 문제를 피하고 나의 부족함을 다른 것으로 '위안'받으려는 집착입니다.

《습관의 심리학》의 저자 곽금주 교수는 말합니다.

"중독 증상은 일상의 행복을 찾는 데 게으른 사람에게 찾아오기 쉽다."

일상의 작은 부분에서 행복을 찾으려 노력하거나 일상에서 발생한 문제를 푸는 데 적극적으로 나서야 하는데, 그러지 못하는 괴로움을 다른 것에 탐닉하는 것으로 해소하는 데서 중독이 시작된다는 겁니다.

그런데 우리는 '중독' 하면 주로 약물이나 술 같은 심각한 대상을 떠올리곤 합니다. 하지만 중독의 대상이 꼭 그처럼 심각한 것들인 것만은 아닙니다. 전문가들은 운동, 쇼핑, 인터넷, TV 등 극단적으로 부정적이지는 않은 것들도 중독의 해악을 가져올 수 있다고 말합니다. 심지어 얼핏 보면 건강해 보이기까지 하는 취미가 중독의 폐해를 가져오기도 합니다.

습관적으로 이메일을 확인하거나 인터넷 뉴스를 체크하는 것, 무의식적으로 TV를 보는 것, 하루라도 운동을 하지 않으면 컨디션이 좋지 않은 것처럼 느끼는 것… 이런 것들도 중독일 수 있다는 것이지요. '사소한 중독'인 셈입니다.

마약처럼 명확히 부정적인 '심각한 중독'은 누가 보아도 위험하다고 느끼기 때문에 오히려 덜 위험할 수 있습니다.

내가 지금 인터넷, TV, 운동, 쇼핑 등 별것 아닌 것처럼 보이는 '사소한 중독'에 빠져 있는 것은 아닌지 돌아볼 필요가 있습니다. 의외로 이런 사소한 중독이 나의 앞길을 가로막고 있을 수도 있으니까요.

수영 영웅 펠프스를
만든
작은 습관

작은 습관 하나가 우리의 생산성을 높여 주고 성공과 행복을 가져다 줄 수 있습니다.

마이클 펠프스. 2000년 시드니, 2004년 아테네, 2008년 베이징, 2012년 런던 올림픽에 계속 참가하며 올림픽에서만 금메달 열여덟 개를 획득한 올림픽 수영의 영웅이지요. 일곱 살에 수영을 시작한 그는 유난히 긴 상체와 큼직한 손, 상대적으로 짧은 다리를 갖고 있었습니다. 어린 펠프스의 신체 조건을 본 수영 코치 밥 바우먼은 그가 세계 챔피언이 될 수 있을 것이라 직감했습니다.

하지만 펠프스는 감정의 기복이 심하고 하나에 집중하지 못하는 약점을 갖고 있었습니다. 초등학교 6학년 때는 ADHD(주의력결핍 과잉행동장애) 진단을 받기도 했습니다. 그래서 경기를 앞두고 마음을 진정시키지 못했습니다. 바우먼 코치는 그를 챔피언으로 만들기 위해서는 올바른 습관을 통해 심적인 안정과 집중력을 높이는 것이 중요하다고 판단했습니다.

바우먼은 긴장 완화 훈련에 대한 책을 사서 펠프스의 어머니에게 매일 밤 아들에게 크게 읽어 주라고 부탁했습니다. 그 책에는 이런 구절이 있었습니다.

"오른손을 꼭 쥐었다가 풀어 보라. 그 사이에 긴장감이 녹아 없어진다고 상상해 보라."

어린 펠프스는 잠들기 전에 그렇게 긴장을 이완시키는 습관을 들였습니다.

바우먼 코치는 또 펠프스에게 비디오테이프를 틀듯이 머릿속으로 자신의 '완벽한 레이스'를 그려 보는 습관을 들이게 했습니다. 소년 펠프스는 코치의 지시대로 매일 밤 잠들기 전에, 그리고 아침에 일어나자마자 자신이 출발대에서 수영장에 뛰어 들어가 완벽하게 수영하는 모습을 슬로모션으로 상상했습니다. 펠프스는 침대에 누워 눈을 감은 채, 경기를 끝내고 수영 모자를 벗을 때의 기분까지, 자신의 경기 장면을 처음부터 끝까지 머릿속으로 그려 보고 또 그려 보았습니다.

그 습관의 힘은 컸습니다. 나중에는 코치가 경기 직전에 펠프스에게 "비디오테이프를 준비해"라고 나지막이 말하면 그는 자동으로 마음을 가라앉히고 자신의 레이스에 몰입할 수 있게 됐습니다. 바우먼 코치의 도움으로 갖게 된 작은 습관이 올림픽 영웅 펠프스를 만든 것입니다.

긴장을 이완시키는 습관과 '완벽한 자신의 모습'을 머릿속에 그려보는 습관… 펠프스 같은 운동선수만이 아니라 시험을 앞둔 학생이나 중요한 일을 맡은 직장인 등 우리도 평소에 들여 놓으면 좋은 작은 습관들입니다.

산책하는 철학자
칸트의
습관들

'습관' 하면 떠오르는 철학자가 있지요. 《순수이성비판》을 쓴 임마누엘 칸트입니다.

칸트는 규칙적인 생활 습관과 철저한 건강 관리로 여든 살의 나이로 세상을 떠날 때까지 활발하게 저술 활동을 했습니다. 그는 자신의 육체를 원활하고 순조롭게 움직이기 위해서 30년 넘게 아침에 정확히 같은 시각에 일어났고, 끊임없이 자신의 건강 상태를 관찰했습니다.

칸트가 매일 정해진 시각에 산책에 나섰기 때문에 그가 살던 쾨니히스베르크 시민들이 그를 보고 시계의 시각을 맞췄다는 이야기는 유명합니다. 그가 단 한 번, 장 자크 루소의 《에밀》을 읽느라 산책 시간을 어겼다는 이야기도 있습니다.

칸트의 생활 습관을 몇 개 더 볼까요. 그는 머리를 사용해야 하는 일은 잠자기 15분 전에 반드시 중단했습니다. 그러지 않으면 깊이 잠들지 못할 가능성이 있기 때문이었지요. 다음 날의 지적 생활을 위해 충분한 수면을 확보하려 한 습관입니다.

그는 또 늘 혼자 산책을 했습니다. 이유가 재미있습니다. 누군가와 함께 산책을 하면 대화를 하게 되는데, 그러면 입으로 들어오는 공기가 코로 들어오는 공기보다 훨씬 차갑게 폐에 닿는다고 생각했기 때문이었습니다. 하지만 식사 자리에는 꼭 손님을 초대했습니다. 그 시간이 즐거워지고 지적인 자극과 정보를 얻을 수 있기 때문이었지요.

그런데 칸트는 자신의 생활 습관을 정할 때 세상의 일반적인 관습에 따르지 않고 자신의 몸이 요구하는 것을 우선으로 삼았습니다. 그래서 당시의 상식과는 달리 점심 한 끼만 제대로 하는 소식을 하기도 했지요.

매일 같은 시각에 쾨니히스베르크 거리를 산책하며 위대한 책을 썼던 칸트의 모습을 떠올리면서 여러분에게 맞는 좋은 생활 습관들을 정해 보시기 바랍니다.

지출 습관의
작은 차이가
미래의 부를 결정한다

우량 기업과 부실기업을 나누는 기준은 여러 가지가 있습니다. 그 중에서 '비용과 투자에 대한 마인드'도 중요한 기준 중 하나입니다. 우량 기업은 대개 불필요한 비용 지출을 최대한 억제하고, 벌어들인 이익으로 투자를 합니다. 비용 절감에는 모든 노력을 기울이지만 설비나 인재에 대한 투자에는 인색하지 않지요. 물론 부실기업은 반대입니다.

이는 개인도 비슷합니다. 건강한 부자들은 대개 비용이나 지출에 매우 민감한 반면, 자산을 사는 것은 좋아합니다. 우량 기업과 같은 마인드를 갖고 있는 것이지요. 물론 반대의 마인드를 갖고 있는 사람들도 많습니다. 지출이나 소비는 즐기지만 자산을 늘리거나 투자를 하는 데는 별 관심이 없는 겁니다.

여기서 자산이나 투자는 지금은 돈이 나가지만 훗날 내게 다시 돌아오는 것을 의미합니다. 교육비나 저축, 부동산 등이지요. 반대로 단순 지출이나 소비는 지금 돈이 나가는 것은 같지만 다시는 돌아오지 않는 것들입니다. 소소한 기호품이나 자동차, 옷 등을 사는 것이 이에 해당됩니다.

그런데 이처럼 사소해 보이는 지출 결정이 5년 후, 10년 후에는 커다란 차이를 가져옵니다. 휴대폰이나 차를 지금 바꿀 것이냐 아니면 몇 년 더 쓸 것이냐부터, 스타벅스의 카페라테를 습관적으로 사 마실 것이냐 말 것이냐까지… 불필요한 소비를 쉽게 하는 사람은 다음에도, 그리고 다른 대상들에도 그럴 가능성이 높습니다.

훗날을 위해 꼭 필요한 지출인 투자에는 기꺼이 돈을 써야 합니다. 하지만 그렇지 않은 지출은 줄여야 합니다. 당장 즐거워서, 남들 보기가 뭐해서… 이런 생각에 꼭 필요하지 않은 지출을 해서는 안 됩니다. 지출 습관의 작은 차이가 미래의 부를 결정합니다.

뇌를
젊게 만드는
생활 습관

요즘 '젊은 뇌', '건강한 뇌'에 대한 관심이 커지고 있습니다. 적극적으로는 창의적인 인재가 되기 위해서, 소극적으로는 고령화 사회가 도래하면서 생겨난 치매의 공포를 이겨내기 위해서 뇌를 활기차게 만드는 것이 중요해진 시대입니다.

"혹시 나의 뇌가 점점 시들어 가고 있는 건 아닌가" 하는 생각이 들 때가 있습니다. 그런 걱정에 빠진 우리에게 신경과 전문의인 요네야마 기미히로는 《머리가 좋아지는 하루 습관》에서 뇌를 '자극하는 좋은 생활 습관으로 뇌를 젊게 만들 수 있다고 강조합니다. 몇 가지만 볼까요.

일어나자마자 커튼을 젖히고 햇빛을 쏘인다.
익숙한 길에서 벗어나 매일 새로운 길로 다녀 본다.

좌뇌와 우뇌를 자극해 주는 클래식 음악을 듣는다.

하루에 한 장씩 사진을 찍어 블로그에 올린다.

매일 일기를 쓴다.

하루에 30분 이상은 반드시 걷는다.

30분 이내의 낮잠을 즐긴다.

새로운 식당과 새로운 요리에 도전한다.

사람 만나는 것을 즐긴다.

하루 6~7시간 정도 숙면을 취한다.

이 습관들의 핵심은 '새로운 체험으로 뇌에 자극을 주는 것'입니다. 몇 해 전 20~30대의 뇌는 물론이고 일흔두 살 노인의 뇌 해마 신경세포도 적절한 자극을 받으면 계속 새로 만들어진다는 연구 결과가 나온 적이 있습니다. 웨이트트레이닝이 근육에 적절한 자극을 주어서 근육을 발달시키듯이, 뇌도 적절한 자극을 주면 새 세포가 만들어지고 젊어질 수 있다는 겁니다.

그런데 문제가 하나 있습니다. 우리의 뇌가 이런 새로운 체험에 의한 자극을 좋아하지 않는다는 것입니다. 요네야마는 이를 이렇게 표현했더군요. "우리의 뇌는 게으름을 피우는 데 천부적인 소질이 있는 기관이다." 그러니 의식적으로 노력하지 않으면 우리의 뇌는 자극을 멀리하게 되고, 결국 늙어 갑니다.

새로운 것보다 익숙한 것을 좋아하는 우리의 뇌. 이는 인간의 생존 본능과 관계 있습니다. 먼 옛날 사냥으로 생활을 했던 우리의 조상들은 매일 새로운 장소에 가서 알지도 못하는 사냥감을 찾아 헤매다가는 굶어 죽기 쉽다는 것을 경험으로 알게 됐습니다. 그보다는 예전에 사냥에 성공했던 장소에서 같은 사냥감이 나타나기를 기다리는 것이 생존에 더 유리했습니다.

그 경험이 우리의 뇌 깊숙이 각인되었습니다. 그래서 우리는 본능적으로 우뇌에서 새로운 것을 받아들이는 것보다는 좌뇌로 순서가 정해져 있는 익숙한 작업을 처리하는 것을 선호하게 됐습니다.

그러니 이런 인간의 뇌의 특성을 인식하고, 의식적으로 새로운 경험을 하도록 노력해 우뇌에 자극을, 즉 '긍정적인 의미의 스트레스'를 줄 필요가 있습니다.

경제노트 글에서 제가 가끔씩 '수학의 정석'을 풀면서 뇌를 자극한다는 말씀을 드렸더니, 많은 회원들이 메일이나 댓글로 자신의 비법을 알려 왔습니다. 양치질이나 식사를 일부러 왼손으로 한다(오른손잡이의 경우), 퇴근할 때 일부러 다른 길로 가본다, 매일 짧은 시 한 편을 외운다… 모두 뇌를 자극해 주는 좋은 생활 습관입니다.

우리의 뇌는 좋은 생활 습관을 통해 젊어지고 예리해질 수 있습니다.

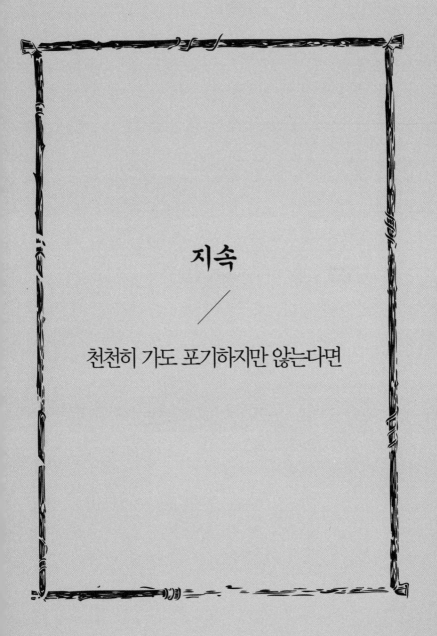

지속

천천히 가도 포기하지만 않는다면

성공이란 연속되는 실패에도 불구하고
용기를 잃지 않는 능력이다.

"힘들겠지만,
일단 계속
나오기만 하세요."

예병일의 경제노트가 운영하는 '따뜻한 학교'의 중국어 초급반 개강
자리. 그곳에서 제가 항상 드리는 말씀이 있습니다.

"힘들겠지만, 일단 계속 나오기만 하세요."

경제노트의 무료 중국어 공부 모임은 2008년 1월 시작된 자원봉
사 기반의 학교입니다. 공직에서 은퇴한 뒤 무료로 강의를 해주고 있
는 공부 모임 이종현 회장님의 지식 봉사를 기반으로 2014년 현재 7년
넘게 계속되고 있습니다. 기초반, 초급반, 중급반, 고급반, 회화반 등
5개 반이 매주 월~금요일 저녁과 일요일 오후에 신촌에서 운영되고
있지요.

2014년 3월 초의 제20기 기초반 개강 때도 약 150명의 수강생들에
게 저는 이렇게 말씀드렸습니다.

"중국어를 배우는 건 절대 쉽지 않을 겁니다. 힘들다고, 바쁘다고,

수업에 한번 두번 빠지기 시작하면 분명히 포기하게 됩니다. 그러니 무조건, 일단, 수업에 나오세요. 되도록 두 번 연속 빠지지는 마세요.

천천히 가더라도 포기하지만 않고 그렇게 계속 간다면, 분명히 약속드릴 수 있습니다. 1년 뒤, 3년 뒤, 5년 뒤에 중국어를 말하고 있는 자신을 볼 수 있을 겁니다."

사실 그 말은 제가 어려운 악기라는 대금을 배우면서 선생님에게 들은 말이기도 합니다. 2012년 2월의 어느 날 서울 서초동 국립국악원, 첫 대금 수업 시간에 선생님은 제게 이렇게 말했습니다.

"힘들겠지만, 일단 계속 나오기만 하세요."

대금은 취구가 커서 처음엔 소리 내기도 쉽지 않겠지만, 중간에 힘들다고 포기하지만 않는다면 원하는 소리를 낼 수 있게 만들어 주겠다는 얘기였습니다. 그러니 일단 꾸준히 나오기만 하라는 것이었지요.

예상대로 대금은 쉽지 않았습니다만, 이제 첫 고비는 넘긴 듯합니다. 지금은 '영산회상'의 중령산, 세령산에 이어 상령산을 배우고 있지요. '아베 마리아'나 '대니 보이' 같은 곡도 제법 비슷하게 소리를 내고 있기도 합니다.

당연히 처음에는 소리도 잘 나지 않았고 악기가 길어 손가락을 움직이기가 어려웠지만, 무조건 수업에는 나갔습니다. 앞으로도 대금 선생님의 조언을 지킬 생각입니다. 일 때문에 수업에 한두 번 못 나올 수는 있겠지만 되도록 연이어 빠지지는 않으려 노력하고 있습니다.

이렇게 천천히 가더라도 포기하지는 않을 겁니다. 그러면 5년 뒤,

10년 뒤에는 어느 정도 소리를 낼 수 있겠지요.

　그렇습니다. 천천히 가도 포기하지만 않는다면 우리는 '그곳'에 갈 수 있을 겁니다. 중국어도 그렇고, 대금도 그렇고, 다른 그 무엇도 그렇습니다.

　빨리 가는 것도 좋지만, 천천히 걸으며 길가에 핀 아름다운 꽃을 감상하면서 가는 것이 오히려 인생 전체로 보면 더 좋을 수도 있습니다. 그러니 천천히 가도 포기하지만 않는다면, 초조해할 필요는 없습니다.

왼손도 고삐는
오른손보다 더
단단히 잡는다

예전에 텔레비전에서 어린 새 한 마리가 가냘픈 날갯죽지를 힘겹게 파닥이며 나는 연습을 하는 모습을 본 적이 있습니다.

한자 '익힐 습習'은 어린 새가 날개羽를 파닥거리면서 스스로自→白 나는 연습을 하는 데서 나온 회의문자입니다.

'습'은 배우고 연습하고 복습해서 익숙해지고 능숙해진다는 의미를 담고 있습니다. 습관이나 버릇이라는 의미로까지 연결되지요. 결국 연습과 익히는 행동이 인간의 삶을 좌우합니다.

로마제국의 16대 황제이자 스토아 철학자였던 마르쿠스 아우렐리우스. '5현제'의 마지막 황제였던 그는 《명상록》에서 이렇게 말했습니다.

"도저히 해내지 못할 것 같은 일들도 연습하라. 많이 써보지 않아 다른 일에는 느린 왼손도 고삐는 오른손보다 더 단단히 잡는다. 왼손은 이 일을 익혀 두었기 때문이다."

오른손잡이의 왼손도 연습해서 익히면 오른손보다 고삐를 더 단단히 잡을 수 있게 됩니다. 무언가를 아무리 배우고 익혀도 발전하는 게 보이지 않아 절망감이 찾아올 때, 연습하는 게 지겨워졌을 때, 그 때는 '어린 새'와 '아우렐리우스의 왼손'를 떠올리면 좋겠습니다.

난관에 부딪힌
사람들의
세 가지 유형

역경은 누구에게나 찾아옵니다. 횟수나 강도에 다소 차이가 있을지 언정 역경을 경험하지 않는 사람은 없지요. 그 역경에 대처하는 모습이 그 사람의 미래를 결정합니다.

'역경지수Adversity Quotient'라는 개념을 만든 미국의 커뮤니케이션 이론가 폴 스톨츠는 역경에 대처하는 사람의 유형을 등반에 비유해 나눴습니다.

험한 산을 목표로 등반에 나섰다가 어려움에 부딪혔을 때, 사람은 세 가지 유형으로 나뉜다는 겁니다. 등반을 포기하고 내려오는 사람quitter, 적당한 곳에서 캠프를 치고 안주하는 사람camper, 난관을 헤치고 극복하면서 전진하는 사람climber입니다. 즉 '포기'하는 사람, '안주'하는 사람, '지속'하는 사람, 이렇게 세 가지 유형이 있다는 것이지요.

벤저민 프랭클린은 이렇게 말했습니다.

"고통을 겪어야 강하게 된다는 것이 얼마나 숭고한 일인가. 인내할 수 있는 사람은 자신이 바라는 것은 무엇이든 얻을 수 있다."

살면서 어려움에 부딪혔을 때는 자신에게 이렇게 질문해 보면 좋겠습니다.

'나는 등반을 포기하고 하산하는 퀴터가 될 것인가, 적당한 위치에 캠프를 치고 안주하는 캠퍼가 될 것인가, 아니면 어려움을 극복해 가며 목표를 향해 천천히 전진하는 클라이머가 될 것인가?'

능력보다
중요한 건
포기하지 않는 마음

앞으로 우리의 삶이 어떻게 전개될지 알 수는 없지만, 분명한 것이 하나 있습니다. 성공보다는 실패가 많이 찾아올 것이라는 사실입니다. 그러니 인생의 '필연'이라고 할 수 있는 그 실패들에 대해 우리가 어떻게 '반응'할 것인지가 중요해집니다.

항상 발전하고 결국 무언가를 성취하는 사람은, 실패를 딛고 일어서는 사람입니다. 여건이 좋거나 재능이 뛰어나서 잇따라 성공을 만들어 내는 사람이 분명 있을 겁니다. 하지만 그도 언젠가는 찾아올 실패를 피할 수는 없습니다. 그때 그가 실패를 딛고 일어서지 못한다면 그는 결국 실패한 것이 됩니다.

반대로 여건이 나쁘거나 재능이 조금 모자라서 잇따라 실패를 경험하는 사람이 있을 수 있습니다. 하지만 그가 실패를 딛고 일어서는 사람이라면 결국은 승리합니다. 처칠과 링컨이 그러했고, 우리 주변을 살펴보아도 그렇습니다.

윈스턴 처칠은 이렇게 말했습니다.

"성공이란 연속되는 실패에도 불구하고 열정을 잃지 않는 능력이다."

이와 관련해 캐럴 드웩이라는 심리학자가 했던 흥미로운 연구가 있습니다. 퍼즐이나 수학 문제를 풀게 해보니 실패를 경험한 아이들이 두 가지 유형으로 나뉘었습니다. 첫째, 실패에 '숙달 지향적인 반응 mastery-oriented response'을 보이는 아이들이 있었습니다. 그들은 실패를 했더라도 낙심하지 않고 다시 시도했습니다.

둘째, 실패에 '무기력한 반응 helpless response'을 보이는 아이들이 있었습니다. 그들은 실패를 하면 좌절했고, 문제를 회피하면서 더 이상 노력을 하지 않았습니다.

중요한 것은 이런 반응이 문제 풀이 능력과는 관계가 없었다는 겁니다. 문제 풀이 능력은 뛰어나지만 실패에 쉽게 좌절하는 아이도 있었고, 반대로 능력은 조금 떨어지지만 쉽게 좌절하지 않는 아이도 있었습니다. 발전과 성공의 가능성은 물론 후자의 아이에게 있지요.

실패에 대한 나의 '반응'이 중요합니다. 몇 번 실패했다고 시도하는 것 자체를 피해서는 안 되겠습니다. 몇 번의 실패를 '최종적인 실패'로 만들어서는 안 됩니다. 실패하더라도 낙심하지 않고 다시 시도하는 마음, 그것이 능력 그 자체보다 중요합니다.

실패는
성공이 바로 앞에 있는 줄
모르고 포기하는 것

꿈과 목표를 현실로 만들어 가는 과정은 부드러운 비단길이 아닙니다. 자갈투성이인 데다 중간중간 아예 길이 끊기기도 하는 험난한 여정입니다. 곳곳에 난관과 절망이 숨어 있지요. 포기하고 싶다는 생각이 들 때가 많은 것이 당연한, 그런 여정입니다.

토머스 에디슨은 이렇게 말했습니다.

"살면서 겪는 수많은 실패는 성공이 바로 코앞에 있는 줄 모르고 섣불리 포기해 일어난다."

약해져서 포기하고 싶어질 때 힘이 되어 주는 말입니다.

위산일궤,
산을 만드는 것은
삼태기 하나의 흙이다

위산일궤爲山一簣. 《논어》에 나오는 말입니다. 궤는 '삼태기 궤'이니, '산을 만드는 것은 삼태기 하나의 흙이라는 의미이지요.

우뚝 솟아 있는 산도 사실 삼태기 하나 분량의 흙들이 모여 이루어진 것입니다. 천천히 가더라도 포기하지 않고, 작은 양에 지나지 않는 삼태기 하나의 흙을 계속 쌓아 간다면 '산'이 될 수 있습니다.

그 옛날에 《논어》도 위산일궤를 이야기한 걸 보면, 예나 지금이나 꾸준히 한 걸음 한 걸음 나아가기란 쉽지 않은 일인가 봅니다. 하지만 분명한 것은 '산을 만드는 것은 삼태기 하나의 흙이라는 사실입니다.

이런저런 핑계를 대며 시작하지 못하고 미루고 있거나, 중도에 포기하고 싶은 생각이 든다면 '위산일궤라는 네 글자를 떠올려 보세요.

템플턴의
마지막
땀 한 방울

우리 대부분은 열심히 노력하며 살아가고 있습니다. 하지만 성공은 대개 바로 다가오지 않습니다. 그렇기 때문에 조금씩 지쳐 가고, '정말 내가 해낼 수 있을까' 하는 회의가 온 몸을 감쌀 때가 많습니다. 많은 사람들이 여기서 포기하고 말지요.

'영적인 투자가'로 불리는 존 템플턴 경은 어린 시절에 '마지막 땀 한 방울의 교훈'이라고 부르는 원칙을 깨달았습니다. 학창 시절 교내 축구 대표 선수 가운데 조금 더 열심히 하려고 애쓰고, 약간 더 훈련한 선수가 축구 대회에서 스타가 된다는 사실을 발견한 것이지요. 이런 선수가 팀의 승리에 결정적인 공을 세우고, 그의 주변에 팬들이 모여 들었습니다.

어느 정도 성공한 사람들이나 정말 뛰어난 성공을 거둔 사람들이나 일하는 양은 비슷한 경우가 많습니다. 그들이 기울인 노력의 차이는 생각보다 작은 것이지요. 하지만 그 결과의 차이는 매우 큽니다. 최고의 스타와 나머지 선수들의 차이는 정말 크지요. 마지막 땀 한 방울을 더 쏟았느냐 아니냐가 그 차이를 만드는 겁니다.

오랫동안 꽤 노력을 해왔는데도 일은 여전히 안 풀리나요? 그래서 지쳐 포기하고 싶은 마음이 문득문득 찾아드나요? 그렇다면 지금이 바로 템플턴이 말한 '마지막 땀 한 방울'만 남은, 바로 그 시점이 아닐까요.

한신,
그때 내가 인내하여
오늘 성공할 수 있었다

유방의 중국 통일과 한 제국 건설의 일등 공신 한신. 그는 한나라가 안정되면서 점차 권력에서 밀려났고, 반란에 연루되어 죽었습니다. 그가 남긴 말이 '토사구팽兎死狗烹'이었지요. 비록 끝은 좋지 않았지만, 청년 한신의 모습에는 우리가 배울 점이 많습니다.

한신은 어려서 부친을 여의고 홀어머니 밑에서 가난하게 자랐습니다. 하지만 언젠가 자신의 능력을 펼칠 기회가 오리라 믿었고, 항상 무술을 연마하고 병법을 공부했습니다. 그리고 자신이 품은 큰 뜻을 잊지 않고 지냈습니다.

어머니가 세상을 떠나자 장례조차 치를 수 없는 가난한 살림이었지만 애써 넓고 높은 곳에 어머니를 모셨다고 합니다. 한신이 죽고 70년쯤 지나 사마천이 한신의 이야기를 쓰기 위해 그의 고향을 방문했을 때 감동을 받은 '모친의 묏자리 이야기'입니다.

한신은 귀족 자제의 가랑이 사이를 기어 '사타구니 무사'라는 별명을 얻기도 했지만 가슴에는 항상 이렇게 큰 뜻을 품고 있었습니다. 의지할 곳 하나 없는 청년 한신은 주위의 냉대를 한 몸에 받았지만 결코 좌절하지 않은 겁니다.

훗날 초왕이 되어 고향을 찾은 한신은 자신을 가랑이 사이로 기어가게 했던 사람을 찾아 그를 초나라의 중위, 즉 성을 순찰하고 도둑을 잡는 무관에 임명하며 이렇게 말했습니다.

"그때 내가 인내하여 오늘날 성공할 수 있었다."

한신은 인내할 줄 알았습니다. 포기하지 않고 계속해서 자신을 갈고 닦았습니다. 그 결과 뛰어난 현장의 장수이자 훌륭한 병법가가 될 수 있었습니다.

"한신이 밥을 빌어먹고 모욕을 받을 때 반복하여 사색하고 탐구한 지 오래되어 싸우면 반드시 이겼고 공격하면 반드시 빼앗았으니 이는 모두 평소 공부에서 바탕을 둔 것이지 급히 이룬 일이 아니다."

청대의 학자 왕명성이 《십칠사상각》에서 한 말입니다.

한신이 훗날 자신에게 모욕을 주었던 귀족 자제에게 했다는 말이 오래 기억에 남습니다.

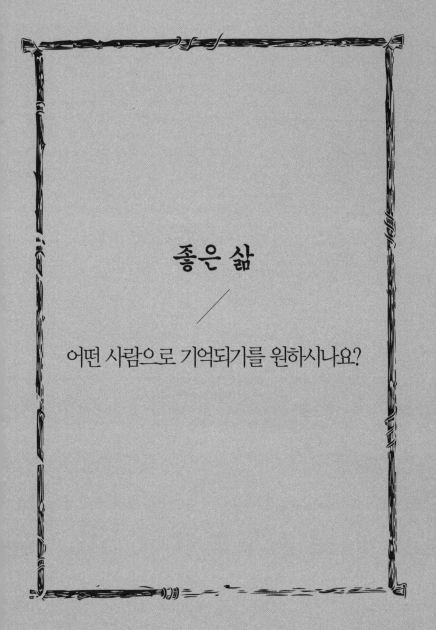

좋은 삶

/

어떤 사람으로 기억되기를 원하시나요?

지금 이 인생을
다시 한 번 완전히 똑같이
살아도 좋다는 마음으로 살아라.

당신은
어떤 사람으로
기억되기를 원하십니까?

한 달에 두세 번, 주로 주말에, 대학노트와 책 한 권을 들고 카페를 찾습니다. 서너 시간쯤 혼자 조용히 생각을 정리할 수 있어서 좋습니다.

얼마 전 어떻게 살아야 '좋은 삶'인가에 대해 생각하다 노트에 적은 단어가 '좋은 영향'이었습니다. 주위에 좋은 영향을 미칠 수 있다면 그것이 성공한 삶일 거라는 생각을 했지요. 훗날 주위 사람들에게 '좋은 영향을 주었던 사람'으로 기억될 수 있다면 행복하겠다는 생각을 했습니다.

이렇게 정기적으로 제 스스로에게 질문을 던지고 노트에 그 답을 써보곤 합니다. 그중 기억에 남는 최고의 질문은 이것이었습니다.

"당신은 어떤 사람으로 기억되기를 원하십니까?"

피터 드러커가 자신이 만났던 최고의 치과 의사에게 했던 질문이

147
좋은 삶

지요. 그때 치과 의사는 이렇게 대답했습니다.

"나는 내가 치료한 환자들이 죽어서 병원 안치대에 누웠을 때 사람들로부터 '이 사람은 정말 최고의 치과 의사에게 치료를 받았군'이라는 말을 들을 수 있기를 바랍니다."

당신은 훗날 죽은 뒤에 주위 사람들에게 어떤 사람으로 기억되기를 원하십니까? 돈을 많이 번 부자, 커다란 권력을 휘둘렀던 사람, 마음이 따뜻했던 사람….

바쁜 일상에 묻혀 지내다 보면, 이처럼 근본적이고 소중한 질문에 답하는 것을 잊고 살기가 쉽습니다. 하지만 조용히 이 질문에 대한 나의 답을 노트에 적다 보면, '진정 내가 원하는 내 삶의 모습'이 점차 뚜렷하게 마음속에 떠오를 겁니다. 평소에 중요하다고 생각했던 많은 것들이 일시적이고 단순한 욕심에 불과했다는 것도 느끼게 되겠지요.

삶을 바라보는 시각도, 직업을 바라보는 자세도, 따뜻하면서 동시에 치열해질 수 있을 겁니다.

당신이 있어
행복했다는 말을
들을 수 있다면

훗날 누군가에게 이런 말을 들을 수 있다면 좋겠습니다.

"당신이 있어 행복했습니다."

그렇다면 충분히 가치 있고 행복한 삶을 산 것입니다. 교세라의 창업자인 이나모리 가즈오가 '당신이 있어 행복했다'고 주위에서 기억해 주는 삶을 사는 것이 중요하다고 말했더군요. 그런 말을 해줄 수 있는 건 가족일 수도 있고, 친구나 이웃, 공동체일 수도 있겠지요.

워런 버핏은 회고록 《스노볼》에서 이렇게 말했습니다.

"사람이 사는 목적은, 자기를 사랑해 주면 좋겠다고 생각하는 사람들로부터 될 수 있으면 사랑을 많이 받는 것입니다."

작더라도 이웃과 공동체, 친구와 가족을 위해 무언가 기여하며 살수 있으면 좋겠습니다. 어쩌면 그들을 친절하고 따뜻한 모습으로 대하는 것만으로도 충분할 겁니다.

세상을
바라보는 시각과
헬리콥터 뷰

'좋은 삶'을 위해서는 세상을 어떤 시각으로 보느냐가 중요합니다.
'헬리콥터 뷰.' 헬리콥터에서 지상을 내려다보는 것을 의미합니다. 글로
벌 기업 GE가 강조하는 경영자의 자세이지요.

경영자는 너무 높은 위치에서 보아서도 안 되고, 너무 낮은 위치에
서 보아서도 안 된다. 헬리콥터와 비슷한 높이에서 보아야 지형과 현
장을 정확하게 볼 수 있다'는 뜻입니다. 땅에서만 상황을 보아서도 안
되지만 그렇다고 정찰기처럼 너무 높은 위치에서만 보는 것도 상황을
제대로 판단하는 데 문제가 있습니다.

우리가 삶을 살아가는 것도 마찬가지입니다. 내 인생을 정확하게
보고 적절한 계획을 세우려면 삶 전체의 모습과 지금의 현장 상황 모
두를 제대로 볼 수 있는 시각을 가져야 합니다.

평소에는 '헬리콥터 뷰'를 유지하려 노력해야 합니다. 그리고 가끔

은 정찰기처럼 높은 위치에서 인생을 바라보며 큰 그림을 그려야 하고, 때로는 땅으로 내려와 흙을 만져보며 현실을 파악해야 합니다.

낙관주의의 과실을 취하면서
동시에 낙관주의의 함정에
빠지지 않으며

우리는 대개 '낙관 편향'을 갖고 있습니다. 미래에 긍정적인 사건이 일어날 확률은 과대평가하고, 부정적인 사건을 경험할 확률은 과소평가하는 경향이 있는 것이지요.

탈리 샤롯은 《설계된 망각》에서 이렇게 말합니다.

"과학은 우리에게 우리의 마음이 열심히 맑은 날을 생각하는 경향이 있음을 보여 주었다. 심지어 금융시장이 무너지고 전쟁에 굶주린 독재자가 침략하겠다고 위협할 때에도, 우리의 본능은 우리에게 너만은 견뎌 낼 거라고 이야기한다."

그렇습니다. 우리는 보통 자신의 기대 수명을 10~20년 더 길게 잡고 살아갑니다. 실직이나 암, 이혼은 나와 무관한 것이라 생각하며 지내지요. 그렇게 하는 것이 '도움'이 됩니다. 험한 현실에서 미래에 닥쳐올 고통을 정확하게 지각하지 못하도록 우리를 보호해 주니까요. 어려움이 닥쳐도 내가 선택할 수 있는 대응책이 충분하다고 믿게끔 도와주기도 합니다.

이를 위해 뇌는 무의식적인 망각을 설계해 두었고, 그 결과 스트레스와 불안이 줄면서 몸과 마음이 건강해지고 동기도 강해집니다. '적응'에 도움을 주는 겁니다. 샤롯은 낙관주의가 없었다면 최초의 우주선은 뜨지 못했을 것이고, 재혼하는 사람도 없을 것이며, 우리 조상들은 멀리 떠나지 못해 아직도 동굴에서 살고 있을지도 모른다고 말했습니다.

그러나 낙관 편향으로만 미래를 바라보면 현실을 제대로 인지하지 못하게 되어 결국 위험에 빠질 수도 있습니다. 그래서 '중용'이 필요합니다. 내가 행복하게 장수할 것이라 믿는 동시에 매년 건강검진을 받으면서 주의를 기울이고, 직장을 잃지 않으리라 확신하면서도 항상 최악의 상황에 대한 대비책을 마련하고, 어제 산 중국어 교재를 두 달 안에 마스터할 수 있을 것이라고 생각하면서도 그 계획에 일주일 정도의 여유 시간을 더 잡으며 살아가는 겁니다.

윈스턴 처칠은 1954년 한 연회에서 이렇게 말했습니다.

"제 자신은 낙관주의자입니다. 다른 무언가가 되어 보아야 별 소용이 없는 것 같아서요."

낙관주의의 '과실'을 취하면서 동시에 비현실적인 낙관주의의 '함정'에 빠지지 않는 것, 이것이 우리가 취하면 좋을 현명한 삶의 자세입니다.

좋은 삶을
위한
충분함

언젠가 KBS의 〈인간극장〉에 남태평양의 섬나라 미크로네시아에서 원주민 여성과 결혼해 살고 있는 한국인 남자의 이야기가 소개됐습니다. 곳곳에 있는 과일 열매와 춥지 않은 날씨 때문에 '미래에 대한 걱정'이 적어서 그럴까요, 그곳에서는 뭐든 나누려는 생각이 일반적이고 가장 심한 비난이 '욕심쟁이'라는 말이라더군요. 한국에서 자란 그 남자가 처음에는 쉽게 적응하지 못했던 문화였습니다.

로버트 스키델스키는 《얼마나 있어야 충분한가》에서 이렇게 말했습니다.

"모든 내재적인 목적들이 소멸하면 우리에게는 두 가지 선택만 남는다. 남보다 앞서거나 뒤처지거나 둘 중 하나뿐이다."

많은 현대인들에게서 '좋은 삶good life'이라는 개념이 사라지고 흔적만 남아 가고 있는 것이 현실입니다. '좋은 삶'이라는 목표가 사라진다면, 우리에게는 어떤 절대적인 목표가 아니라 '누구만큼'이나 '누구보다 더 많이'라는 상대적인 목표만이 남게 되겠지요. 그리고 '좋은 삶'과는 별 관계없는 무의미한 질주에 매달려 지내기 쉽습니다.

'충분함enoughness'도 의미가 많이 바뀌고 있습니다. 아리스토텔레스의 기준으로는 '좋은 삶을 위한 충분함'이지만, 요즘에는 '욕구를 충족시키기에 충분함'의 의미로 더 많이 쓰이고 있으니까요.

세상에, 타인의 눈에, 욕망의 무의미한 경쟁에 휘둘리지 않고 내 중심을 잡고 살아가기 위해서는 '좋은 삶을 위한 충분함'이 무엇인지 고민하며 지내야겠습니다.

소명,
'나는 돈을 받지 않더라도
이 일을 할 거야'

'돈' 때문에 열심히 일하는 사람도 있고, '승진' 때문에 열심히 일하는 사람도 있습니다. '보람' 때문에 열심히 일하는 이도 있지요.

예일대의 에이미 브레즈니브스키 교수가 흥미로운 분석을 했습니다. 자신의 일을 인식하는 방식이 그 사람의 만족과 불만족을 결정한다는 것입니다.

일을 대하는 첫 번째 방식은 '생업 인식job orientation'입니다. 봉급을 받기 위해 매일 아침 출근하는 사람이 여기에 해당합니다. 이 사람에게 직업이란 그저 돈을 얻기 위한 수단에 불과합니다. 그러니 항상 지시받은 일만 하고, 퇴근시간만 기다립니다. 물론 자신이 하는 일에 특별한 기대감을 갖고 있지도 않지요.

일을 대하는 두 번째 방식은 '출세 인식career orientation'입니다. 이 사람은 승진이나 봉급 인상, 사회적 지위의 상승 등에 동기부여가 되어서 열심히 일합니다. 일을 지위나 존경, 더 많은 돈을 얻기 위한 수단이라고 생각하지요. 승진을 해야 하니 지시받은 것만 하지는 않습니다. 하지만 솔선해서 일하는 건 단지 상사의 눈에 들기 위해서입니다. 그래서 이 사람은 일을 즐길 때도 있지만 그렇지 않을 때도 많습니다.

세 번째 유형은 '소명 인식calling orientation'입니다. 이 사람은 자신의 일이 매우 중요하고 세상에 보탬이 된다고 생각합니다. 자기 일을 사랑하고, 그 일을 즐깁니다. 일상적인 업무에서 흥분과 도전을 느끼기도 합니다. "나는 돈을 받지 않더라도 이 일을 할 거야"라고 말하는 사람입니다. 상사의 눈에 들기 위해서가 아니라, 일을 잘하는 것 자체에서 보람을 느끼기 때문에 열심히 합니다. 휴가를 즐기기도 하지만 일로 복귀하는 것도 즐깁니다.

소명召命, calling은 어떤 특별한 목적을 위해 부름을 받는 것을 의미합니다. 이 소명은 특별한 사람이나 특별한 직업에서만 가질 수 있는 것은 아닙니다. 누구나 가질 수 있지요.

자신이 하는 일이 동네를 깨끗하고 아름답게 유지하는, 중요하고 보람 있는 소명이라고 생각하는 청소부도 있습니다. 마을버스 기사, 간호사, 의사, 유치원 교사, 경찰관 중에도 마찬가지 생각을 하는 이들이 있습니다. 그들은 대개 활기차고 긍정적인 모습입니다. 자신이 하는 일이 의미가 있으니 열심히 하고, 그것에서 기쁨을 느낍니다.

소명 인식을 갖고 일할 수 있으면 좋겠습니다. 보람차고 행복한 삶을 위해서, 그리고 내가 사는 세상에 조금이라도 기여하기 위해서 말입니다.

소명 인식이 '좋은' 삶을 만듭니다.

사명,
미켈란젤로가 그림을 그리듯,
베토벤이 음악을 작곡하듯
나의 일을 하면서

'사명使命.' 앞서 이야기한 소명과 비슷한 의미를 담고 있습니다. 영어로는 '미션'입니다. 미션의 어원은 '보내다'라는 뜻의 라틴어 'mittere'입니다.

1598년, 스페인 예수회가 전도사들을 외국으로 보내는 일을 설명하면서 이 단어를 처음 사용했다고 하지요. 영화 〈미션〉에 나왔던 '가브리엘의 오보에'가 떠오릅니다.

그 후 20세기 초반 군에서 작전에 항공기를 출격시킬 때 이 미션이라는 단어를 사용했고, 20세기 후반에는 기업들이 자신의 존재 목적을 이야기할 때 쓰기 시작했습니다.

미션은 종교나 군대, 기업에만 있지 않습니다. 개인의 삶에도 있습니다. 의미 있는 자신의 미션을 정의하고 살아간다면, 우리는 역경에도 흔들리지 않고 삶에서 더 큰 보람과 만족을 느낄 수 있습니다.

우리는 살아가면서 언젠가는 고난과 실패를 마주합니다. 직장을 잃을 수도 있고 시험에 떨어질 수도 있으며, 사업에 실패할 수도 있습니다.

그럴 때 마음속에 자신의 사명이 존재한다면, 우리는 '다른 방법'을 찾을 수 있습니다. 이번에 실패로 끝난 방법이 아닌 또 다른 방법과 길을 찾아낼 수 있을 겁니다.

그 실패에 집착하지 않고 내 안에 있는 미션을 바라볼 수 있다면, 미션을 실현할 수 있는 '방법'이 한 가지만 있는 것이 아니라 여러 가지가 있다는 걸 알 테니까요.

내가 일하는 분야에서 미켈란젤로가 그림을 그리듯, 베토벤이 음악을 작곡하듯, 셰익스피어가 시를 쓰듯 그렇게 일하며 살아가면 좋겠습니다.

그가 청소부라면, 알렉스 리커만이 《지지 않는 마음》에서 표현한 대로 "청소를 너무도 잘해서 하늘과 땅의 모든 존재가 하던 일을 멈추고, '여기 자기의 임무를 훌륭하게 해낸 위대한 청소부가 살았노라'라고 말할 수 있을 정도로" 말입니다.

'사명'을 가지고 살아가는 사람들의 모습은 아름답습니다.

'나를 행복하게
하는 일'을
좇아가는 것

'나를 행복하게 하는 일'을 좇아가는 것, 그것이 좋은 삶을 사는 지름길입니다. 그럼 열정을 가지고 자신의 길을 걸어갈 수 있습니다. 어려움이 닥쳐도 극복하기가 훨씬 수월합니다.

누구에게나 위기는 찾아오기 마련인데, 나를 행복하게 해주는 일을 하고 있다면 웬만한 고난에도 포기하지 않고 계속할 수 있을 테니까요.

그리고 훗날 비록 다른 이들의 눈에는 성공으로 보이지 않는 결과를 얻게 된다 하더라도 최소한 자신의 눈으로는 '좋은 삶'을 살았다 평가할 수 있습니다.

나 스스로가
'훌륭하다고 생각하는 일'을 하며
살아가는 삶

'좋은 삶'을 살기 위해서는 나 스스로가 '훌륭하다고 생각하는 일'을 하며 살아가는 것이 좋겠습니다. 주위 사람이나 세상이 아니라, 내가 훌륭하다고 생각하는 그런 일 말입니다. 부나 권력, 명예가 따를 것이라 생각하는 일이 아니라, 내가 훌륭하다고 생각하는 그런 일 말입니다.

그럴 수 있다면, 이 역시 긴 인생의 여정에서 당연히 만날 고난과 역경을 버텨 내고 이겨 낼 수 있는 힘을 줄 겁니다. 훌륭한 일을 하고 있다 생각하니까요.

또 인생의 마지막 순간에도 '내가 그동안 무얼 한 건가'라는 후회를 하지 않고 만족할 수 있고 행복을 느낄 수 있을 겁니다. 훌륭한 일을 해왔다고 생각하기 때문입니다.

니체는 《차라투스트라는 이렇게 말했다》에서 다음과 같이 이야기했습니다.

"지금 이 인생을 다시 한 번 완전히 똑같이 살아도 좋다는 마음으로 살아라."

나 스스로가 '훌륭하다고 생각하는 일'을 하면서, 그래서 니체의 말처럼 "지금의 내 인생을 다시 똑같이 살아도 만족한다" 생각하며 지낼 수 있으면 좋겠습니다.

"딸아, 무서워 말거라.
나는 살면서
내가 해야 할 일을 모두 끝냈다"

《중국철학사》를 쓴 20세기 중국의 대표적 철학자이자 철학사가인
펑유란(馮友蘭, 1894~1990). 그의 자서전을 보면 이런 대목이 나옵니다.

아흔이 넘어 죽음을 목전에 둔 어느 날, 그는 조용히 휠체어에 앉
아 딸에게 이렇게 말했습니다.

"무서워 말거라. 나는 살면서 내가 해야 할 일을 모두 끝냈다."

기원전 1세기의 에피쿠로스학파 철학자인 디오도로스는 죽음을
앞두고 이렇게 말했습니다.

"나는 내 인생을 살았고, 운명이 내게 정해준 노정을 모두 마쳤노
라."

죽음을 눈앞에 두고 스스로 해야 할 일을 모두 끝냈다고 말하며
평온하게 죽음을 맞이할 수 있는 삶. 훗날 그럴 수 있다면 우리의 인
생은 분명 성공한 것입니다.

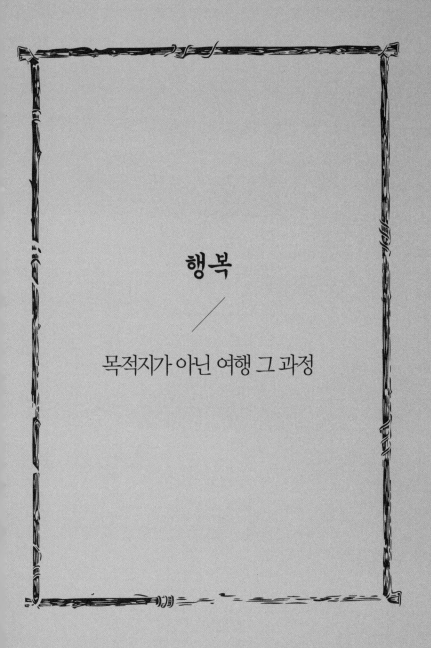

행복

목적지가 아닌 여행 그 과정

열 가지 고민거리 중에서 아홉 가지가 해결됐건만,

남은 하나 때문에 끙끙대는 사람이 있다.

반면 해결된 문제는 하나밖에 없지만,

그 하나의 성공에 만족하며 밝게 사는 사람들도 있다.

카푸치노 한 잔의 행복,
너무 풍족해지면
만족감을 느끼는 데 방해가 됩니다

커피를 좋아하는 제 처가 최근에 이런 말을 하더군요. 한동안 일터에 캡슐 커피 머신을 놓고 제일 선호하는 캡슐로 매일 두세 잔씩 커피를 마셨다고 합니다. 그런데 처음에는 그렇게 맛있던 커피가 점점 예전만 못하게 느껴지더랍니다. 한때는 정말 '특별'했던 캡슐 커피였는데, 어느 순간부터 더 이상 특별한 존재가 아닌 것이 되어 버린 겁니다.

그래서 얼마 전부터 평소에는 그냥 일반 커피를 마시고 며칠에 한 번만 그 캡슐 커피를 마셔 보기로습니다. '캡슐 커피의 날'을 정해 그때만 마신 것이지요. 그랬더니 신기하게도 커피 맛이 예전처럼 돌아와 매우 만족스러워졌고, 캡슐 커피를 마실 때 다시 커다란 행복감을 느끼며 지내고 있다고 합니다.

아무리 좋아하는 것이라고 해도 너무 풍족해지면 오히려 만족감을 느끼는 데 방해가 됩니다. 우리 인간은 그것이 아무리 좋은 상황이든 나쁜 상황이든 시간이 흐르면 그 상황에 '적응'을 하게 되기 때문입니다.

반대로 '부족함'이 만족과 감사를 느끼는 데 커다란 도움이 될 때가 많지요. 부족한 상황이 우리에게 그것의 '소중함'을 절실히 느끼게 하기 때문일 겁니다.

제가 이 내용을 '예병일의 경제노트' 메일로 보내 드렸더니 경제노트 회원인 김현희 님께서도 공감한다는 댓글을 남겨 주셨습니다.

"공감 가는 이야기이기에 이렇게 댓글을 남깁니다. 전 카푸치노를 즐겨 마시는데 비용이 많이 들어 참았다가 정말 꼭 마셔야 할 때 마셔 보았더니 비용도 절감되고 그 맛으로 느끼는 행복은 몇 배였음을 지금도 실천에서 느끼고 있답니다. 너무 풍족하면 오히려 만족감을 느끼는 데 방해가 된다는 것에 공감합니다."

엘리자베스 던은 《당신이 지갑을 열기 전에 알아야 할 것들》에서 자신이 좋아하는 것을 한정되고 특별한 것으로 만들면 행복해질 수 있다고 말합니다. 김현희 님과 제 처는 커피 '소비 패턴'을 현명하게 바꿔 지출도 줄이고 행복도 높인 셈입니다.

평소에 자주 즐기며 좋아하는 것이 있다면, 한번 잠시 끊어 보세요. 그리고 그걸 가끔만 즐기는 '특별한 것'으로 바꿔 보는 겁니다.

너무 풍족해지면 소중함도 감사함도 느끼기 힘들어집니다. 부족해야 그 존재의 소중함을 알 수 있지요.

만족과 감사, 행복. 그건 '부족함'과 '소중함'에서 옵니다.

절제,
즐거운 일들을 늘려 주고
기쁨을 더 크게 만들어 준다

절제가 즐거운 일들을 늘려 주고 기쁨을 더 크게 만들어 줍니다. 그리스의 철학자들은 오래전에 '절제와 부족함의 지혜'를 이야기했지요.

"절제는 즐거운 일들을 늘려 주고 쾌락을 한층 더 크게 만들어 준다."

"즐거운 일들 중에서도 아주 드물게 생기는 것들이 가장 큰 기쁨을 준다."

"누구든 적정 한도를 벗어나면, (그에게) 가장 즐거운 것들이 가장 즐겁지 않게 될 것이다." ('스토바이오스 선집', III.5.27, III.17.37, III.17.38, 《소크라테스 이전 철학자들의 단편 선집》, 김인곤 옮김)

에피쿠로스도 사람을 풍요롭게 만들어 주고 싶다면 그의 재산을 늘려 주지 말고 그의 욕구를 줄여 주라고 말했습니다. 쇼펜하우어는 끊임없이 목표를 높이는 것보다 욕구를 줄이는 편이 낫다고 말했지요.

탐욕을 멀리하면 행복이 가까이 옵니다.

꿈과 절제,
원대한 목표를 갖되
미리 '선'을 그어 놓아야

탐욕을 경계해야 하는 것이지, 건강한 꿈과 목표까지 갖지 말아야 하는 건 아닙니다.

원대한 꿈과 목표를 갖되, 스스로 미리 '선'을 그어 놓아야 합니다. 자신의 목표가 명확하면 사전에 '한계'를 그어 놓는 것이 가능해집니다.

그럼 어느 순간 자신이 이제 만족해야 한다는 걸 깨닫고 멈출 수 있게 됩니다. 절제가 가능합니다. 그래야 탐욕과 야심, 허영에 빠지지 않고 현명한 삶을 살 수 있지요.

하지만 목표가 명확하지 않으면, 꿈은 탐욕으로 돌변하기 쉽습니다. 자신의 최종 목표가 불분명하니 욕심이 판단력을 흐리게 만듭니다. 꿈이 명확하지 않으면, 일이 잘 풀릴수록 그의 인생은 위태로워집니다.

기업인도 정치인도 개인도 대개 '건강한 꿈과 '탐욕'을 구별하지 못할 때 커다란 불행에 빠집니다. 우리가 뉴스에서 자주 접하는 몰락 스토리들이 그것이지요.

만족해야 할 때를 알지 못하고 멈추지 않을 때, 불행이 인간을 찾아옵니다.

행군 뒤에
누웠던
철제 침대의 포근함

'행복'이라는 단어를 보면 항상 20여 년 전의 '행군 뒤 누웠던 철제 침대'가 떠오릅니다. '행복은 내 마음속에 있다'는 걸 느꼈던 잊지 못할 경험이었습니다. 군대를 다녀온 많은 분들이 했을 경험이기도 하지요.

1990년 가을의 어느 날 경상도 영천에 있는 제3사관학교에 후보생으로 입소했습니다. 첫날 밤 배정받은 숙소에는 2층 철제 침대들이 나란히 놓여 있었습니다. 집을 떠나온 첫날 밤이라 더 그랬는지 그 침대는 차갑고 딱딱하게만 느껴졌고, 잠이 잘 오지 않았습니다.

입소하고 석 달쯤 지난 1991년 1월 중순, 실습소대장으로 전방에 가기 전 마지막 훈련으로 동기생들과 4박 5일의 200킬로미터 행군을 떠났습니다. 영하 15도의 날씨에 쌓여 있는 눈 속에서 며칠 동안 야영을 하고 행군 마지막 날 저녁 12시가 다 되어 학교로 돌아왔습니다.

며칠 만에 뜨거운 물로 짧은 샤워를 하고 동기들과 서둘러 철제 침대에 누웠습니다. 그 순간의 포근하고 따뜻하고 편안했던 느낌, 영원히 잊지 못할 겁니다. 그 후 사회생활을 하면서 최고급 호텔에서 묵어 보기도 했지만, 20여 년 전의 '행군 뒤 누웠던 철제 침대'만큼 제게 행복감을 주었던 침대는 다시 만나지 못했습니다. 분명 입소 첫날과 똑같은 철제 침대인데, 3인용 작은 텐트를 치고 강추위를 견디며 나흘을 산에서 지내다 며칠 만에 다시 만난 그 침대는 그야말로 '최고의 침대'로 변해 있었지요.

그날 이후 지금까지 그 느낌을 의식적으로 잊지 않으려 노력하며 지내고 있습니다. 힘들거나 불편한 일이 생기면, '중요한 건 내 마음가짐이야'라고 스스로를 다잡고 있지요.

인생의 행복과 기쁨은 객관적인 조건보다는 나에 의해 좌우되는 경우가 많습니다.

우리 주위를 둘러보면 작은 일에도 너무나 기뻐하며 밝고 행복하게 살아가는 사람이 있는 반면에 정반대의 경우도 많지요. 시장(배고픔)이 최고의 반찬이듯이, 어떤 반찬이냐보다는 내가 더 중요합니다.

"열 가지 고민거리 중 아홉 가지가 해결됐건만, 남은 하나 때문에 끙끙대는 사람이 있다.

반면 해결된 문제는 하나밖에 없지만, 그 하나의 성공에 만족하며 밝게 사는 사람들도 있다."(쇼펜하우어)

예전에 한 외신에 '우리를 행복하게 해주는 소소한 기쁨 50가지'라는 기사가 실렸습니다.

오래된 바지에서 나온 10파운드(약 1만 7000원) 지폐
토요일 아침에 눈을 떠 주말을 만끽하기
초콜릿
노부부가 다정히 손잡은 모습
추억이 떠오르는 노래 듣기
오래된 친구 만나기
맑은 날 공원으로 소풍 가기
오래된 사진 보기
혼자 조용한 시간 보내기
동네 산책
아기의 웃음소리 듣기
안 들어가던 청바지가 맞는 것
갓 구운 쿠키와 빵 냄새
고된 날 따뜻한 물에 하는 거품 목욕
누군가 버스나 지하철에서 노인에게 자리 양보하는 것
갓 잔디를 깎은 냄새
퇴근 후의 시원한 맥주 한잔
…

얼마나 자주 이런 기쁨을 느끼며 살아가고 있나요?

인생의 행복과 기쁨은 객관적인 사실이 아니라 주관적인 요소에
의해 결정되는 때가 많습니다.

우리가 찾는 행복,
그건
내 안에 있습니다

"행복을 찾아서 나는 온 세상을 돌아다녔다.

나는 밤낮 없이 행복을 찾아 다녔다.

내가 이 행복을 찾는 일에 완전히 절망하고 있을 때, 내부의 음성이 나에게 말했다.

'그 행복은 너 자신 안에 있다.'

나는 이 목소리에 귀를 기울였다.

그리고 나는 진실한 불변의 행복을 발견했다."

행복에 대해 레프 톨스토이가 전해 준 한 현인의 말입니다.

우리가 불행한 것은 자기가 행복하다는 것을 모르기 때문이라고 톨스토이는 말했습니다.

지금 내가 갖고 있는 존재, 또는 내 주위에 있는 존재들을 떠올려 보면 좋겠습니다. 우리가 불행한 건 자신이 행복하다는 것을 모르기 때문일 수 있습니다. 우리가 찾는 행복, 그건 내 주위에, 내 안에 있습니다.

행복은 조건이 아니라 선택…
'감사'를 통해
자신이 만들어 가는 것

'내게 10억 원이 있다면 행복할 텐데…'

'비싼 자동차가 있다면 행복할 텐데…'

'회사에서 임원으로 승진하면 행복해질 텐데…'

우리는 종종 이런 생각을 하곤 합니다. '만일 ○○하면 행복할 텐데…' 이것은 행복을 '조건'으로 보는 시각입니다.

그런데 이런 생각으로는 행복해지기가 어렵습니다. 그 '조건'이 이루어지지 않는 경우는 물론이고, 혹시나 이루어진다 해도 그 조건 때문에 얻어지는 행복은 짧은 순간이 지난 뒤 사라져 버릴 것이기 때문입니다. 그런 '조건'은 '20억 원', '30억 원'으로 단계가 높여지며 꼬리에 꼬리를 물고 계속 이어지기 마련입니다. 멈추기가 힘듭니다.

이와는 달리 행복을 '선택'으로 보는 시각이 있습니다. '그럼에도 불구하고 행복하다'고 생각하는 겁니다. 칼 필레머는 《내가 알고 있는 걸 당신도 알게 된다면》에서 이렇게 이야기합니다. "인생의 현자들은 행복은 선택하는 것이라고 생각한다. 어떤 일이 벌어졌기 때문에 행복하게 되거나 우울하게 되는 것이 아니다. 오히려 그 일을 어떻게 생각할지 선택하는 연습을 할 수 있다고 그들은 말한다."

우리는 외신 기사를 통해 거액의 복권에 당첨됐던 사람이 불행에 빠진 이야기를 종종 접합니다. 실제로 심리학자들은 복권 당첨 같은 '상황의 변화'는 사람들이 느끼는 행복의 수준에 일시적인 '충격'을 줄 뿐이며, 대부분의 경우 짧은 시간 안에 자신의 원래 행복 수준으로 되돌아간다고 말합니다.

행복은 조건이 아니라 선택입니다. 행복은 '감사'를 통해 자신이 만들어 가는 것입니다.

'저걸 가졌으면' vs. '지금 소유한 것들이 없었다면'

우리는 종종 갖지 못한 물건이나 지위, 재산 등을 보면서 '저걸 가졌으면 얼마나 좋을까'라는 생각을 하곤 합니다. 자연스러운 반응입니다.

하지만 그런 생각은 우리에게 행복을 가져다주지 못합니다. 오히려 불만과 시기심, 박탈감, 불행을 느끼게 합니다.

쇼펜하우어는 만족과 행복을 느끼고 싶다면 '지금의 내 소유물들이 만일 없었다면'이라고 생각해야 한다고 말했습니다. 지금 수중에 있는 것을 잃어버렸을 경우를 생각하라는 겁니다. 자신에게 하나씩밖에 없는 존재들을 생각하라는 겁니다.

사람은 대체로 무언가를 잃고 나서야 그 진정한 가치를 안다는 쇼펜하우어의 말은 옳습니다.

의식적으로, 그리고 자주 '지금 내 주변의 존재들이 없다면'이라고 생각할 필요가 있습니다. 주위를 돌아보면 내가 가지고 있는 것들은 생각보다 많습니다. 가족, 건강, 친구, 연인, 애완동물… 그들이 갑자기 사라져 버린다면 어떻게 될지를 생각하다 보면 그들이 얼마나 소중한 존재인지, 그래서 지금 나의 상황이 얼마나 감사한지 느끼게 됩니다. 자연스럽게 만족과 행복이 찾아옵니다.

남의 것을 주시할 필요가 없습니다. 행복한 삶을 위해서는 의식적으로 '저걸 가졌으면'이 아니라 '지금 소유한 것들이 없었다면'이라는 생각을 자주 해보는 게 좋겠습니다.

가지고 있지 않은 것들에
괴로워하지 않고,
가지고 있는 것들로
즐거워한다면

"가지고 있지 않은 것들에 괴로워하지 않고 가지고 있는 것들로 즐거워하는 사람이 현명하다."('스토바이오스 선집', III.17.25, 《소크라테스 이전 그리스 철학자들의 단편 선집》, 김인곤 옮김)

행복의 적,
'비교'와
'익숙해짐'

행복의 적은 '비교'와 '익숙해짐'입니다. 많은 이들이 자신을 다른 사람과 '비교'해 보고 불행하다 느끼곤 합니다.

흥미로운 실험이 하나 있었습니다. 하버드 대학 학생들에게 다음 두 곳 중 어느 곳에서 살겠느냐고 물었습니다.

1)당신은 1년에 평균 5만 달러를 벌고, 다른 사람들은 평균 2만 5000달러를 버는 세상

2)당신은 1년에 평균 10만 달러를 벌고, 다른 사람들은 평균 25만 달러를 버는 세상

대부분의 학생들이 첫 번째 세상을 선택했습니다. 절대 소득이 적더라도 주변 사람들보다는 더 버는 쪽을 택한 겁니다. 자신의 절대 소득이 아니라 다른 사람과 비교하는 상대 소득에 더 신경을 쓴다는 이야기입니다.

올림픽 경기에서 동메달리스트가 은메달리스트보다 더 큰 행복감을 느낀다는 것도 비슷한 맥락입니다. 동메달리스트는 아예 메달을 따지 못한 선수들과 자신을 비교하지만, 은메달리스트는 금메달을 딴 선수와 자신을 비교하기 때문이지요.

행복의 또 다른 적은 '익숙해짐'입니다.

처음으로 소형차를 샀을 때, 처음으로 작은 집을 마련했을 때, 우리는 매우 커다란 행복감을 느낍니다.

하지만 얼마 지나지 않아 우리는 그 '물건'에 익숙해지지요. 이를 심리학에서는 '적응adaptation'이라고 부릅니다.

이 때문에 우리가 계속 행복을 유지하려면 새로운 자극, 즉 더 많은 물건이나 더 좋은 물건을 가져야 합니다. 물론 불가능한 일입니다.

그래서 심리학적으로는 행복을 위한 지출을 원한다면 자동차 같은 '물건'이 아니라 아이와 함께 떠나는 여행 같은 '경험'을 선택하는 것이 좋을 수 있습니다. 우리는 경험보다 물건에 훨씬 쉽게 익숙해지고 적응하니까요.

우리가 행복해지기 위해서는 '비교'와 '익숙해짐'이라는 중요한 방해물들에 현명하게 대처해야 합니다.

내가 와인을 고르는 법…
행복감을 극대화하는
현명한 소비

자주 와인을 삽니다. 와인을 좋아하기 때문인데, 주로 1~2만 원 정도 짜리를 고릅니다. 한때 비싼 와인을 골랐던 적도 있었습니다. 그런데 한이 없더군요. 와인의 가격대가 점점 올라가고 있다는 걸 알았습니다. 이건 아니다 싶어 아주 특별한 경우가 아니라면 항상 1~2만 원대의 와인을 고르기로 했지요. 시리우스나 옐로 테일, 콜롬비아 크레스트를 주로 사는데, 그 가격대의 새로운 제품을 시도해 보기도 합니다.

소비에도 행복을 최대화할 수 있는 방법이 있습니다. 현명하고 스마트한 소비의 전략이지요. 우리는 그 방법을 심리학과 경제학을 접목하는 행동경제학에서 배울 수 있습니다.

댄 애리얼리는 《경제 심리학》에서 와인을 좋아하는 동료 교수 이야기를 합니다. 그 애호가는 심리적으로 '쾌락에 대한 적응'을 회피하기 위해 너무 비싼 와인을 피하고 15달러 이하 가격대의 와인 전문가가 되는 전략을 선택했습니다. 일단 50달러짜리 와인을 마시기 시작하면 나중에는 고급스러워진 입맛을 만족시키려고 80달러, 90달러, 100달러 식으로 와인 한 병에 쓰는 돈이 계속해서 늘어나게 될 거라고 생각한 겁니다. 와인에 쓰는 비용을 일정 수준 이하로 유지하면 계속 저렴한 비용으로 큰 만족을 얻을 수 있어 와인으로 생기는 행복감을 극대화할 수 있다는 것이지요. 공감이 가는 전략입니다.

만약 목돈이 생긴다면 어떻게 하면 좋을까요? 취직을 하거나 이런저런 이유로 돈이 생겨 그동안 사고 싶었던 물건들의 리스트를 작성한 상황이라면? 이 경우 행복감을 극대화하기 위한 소비 전략은 그 물건들을 한 번에 하나씩 천천히 사는 것입니다. 돈이 생겼다고 여러 개를 한꺼번에 사지 말라는 말입니다. 스마트패드를 사면 몇 달 동안은 행복할 겁니다. 그 느낌이 사라질 때 리스트의 다음 항목에 있는 옷을 삽니다. 이렇게 구매와 구매 사이의 간격을 띄우면 같은 돈으로 행복감을 극대화할 수 있습니다.

반대로 형편이 어려워져서 소비를 크게 줄여야 하는 상황이 올 수도 있습니다. 이럴 때는 반대로 좁은 아파트로 이사하고, 외식을 중단하고, 비싼 커피 전문점 출입을 그만두는 등의 소비 축소를 한꺼번에 실행하는 것이 좋습니다. 이러면 처음 느껴지는 고통은 매우 크겠지만, 적응의 원리에 의해 장기적으로 보면 우리가 느끼는 고통의 크기를 최소화할 수 있습니다. 현명한 소비 방법을 선택하는 것이 우리의 행복에 도움을 줄 수 있습니다.

무엇이
행복을 가져다주는지를
깨달은 복권 당첨자

예전에 외신에서 본 40대 영국 여성의 이야기가 기억에 남습니다. 마트에서 시급제 사원으로 일하던 마흔여섯 살 니키 쿠삭은 2009년 249만 파운드(한화 약 44억 원)짜리 복권에 당첨됐습니다. 그녀는 유방암 판정을 받은 상황에서 네 자녀를 키우던 '싱글 맘'이었지요.

쿠삭은 거액의 복권에 당첨되자 미련 없이 직장을 그만두었습니다. 하지만 그녀는 2011년 다시 마트로 돌아왔습니다. 2년 전과 똑같은 일을 영국의 최저임금 수준인 6.5파운드(한화 약 1만 원)의 시급을 받으며 하루 10시간씩 일하기 시작했습니다.

그녀는 복권에 당첨되자 경제적으로 여유가 생기면 삶도 행복해질 것이라고 생각했습니다. 그러나 예상과는 달리 무료한 일상이 반복되었고, 항암 치료를 받으며 침대에만 누워 있는 시간이 행복하지 않았다고 합니다. 갑자기 생긴 거액의 돈도 쓸 줄을 몰라 25만 파운드(한화 약 4억 3000만 원)짜리 집을 구입한 것 외에는 그대로 남아 있습니다.

"시간이 지나 되돌아보니 사람들과 함께 즐겁게 일했던 순간이 가장 행복했다는 것을 느꼈습니다. 무엇보다 건강이 많이 좋아졌으니 이젠 더 바랄 것도 없어요."

마트 시급제 사원으로 돌아온 니키 쿠삭이 한 말입니다.

무엇이 행복을 가져다주는지 그녀는 깨달은 것으로 보입니다.

매일 아침을
행복과 설렘으로
맞이할 수 있는 삶

매일 아침을 행복과 설렘으로 맞이할 수 있는 삶은 아름답습니다. 그런 삶을 만들기 위해 가장 중요한 것이 '일'입니다. 어떤 일을 하며 인생을 사느냐는 그래서 중요합니다.

공부를 마치고 사회에 나오면서 우리는 어떤 일, 어떤 직업을 선택할지 고민을 많이 합니다. 하지만 그 시절은 대개 정보도 부족하고 마음의 여유나 지혜도 부족해 최선의 결정을 내리기가 쉽지는 않습니다.

시간이 흘러 마흔 즈음이 되면 다시 한 번 직업에 대한 고민이 찾아옵니다. 나는 지금 일을 통해 보람을 느끼며 행복하게 살고 있는가…

이 고민에 대한 답은 아마도 수명을 거의 다 누리고 생의 끝에 서 있는 '인생의 현자'들이 가장 잘 알 겁니다.

"사랑하는 일, 잘할 수 있는 일, 행복한 일을 찾게. 돈 때문에 직업을 선택해서는 안 되네."

5년 동안 일흔 살이 넘은 사람들 1000명을 인터뷰를 해 《내가 알고 있는 걸 당신도 알게 된다면》을 쓴 코넬 대학 칼 필레머 교수. 그에게 '인생의 현자'들이 해준 말입니다.

인생의 경험이 풍부한 그들은 우리에게 주말이나 휴가만 목을 빼고 기다리는 삶보다는 돈을 조금 덜 받아도 좋으니 즐길 수 있는 일을 하는 것이 훨씬 바람직하다고 조언합니다. 그리고 좋아하는 일을 하려면 조금 부족하게 사는 것은 감수해야 한다고, 그건 지극히 당연한 것이라고 말합니다.

누구나 생활을 위해 돈을 벌어야 합니다. 하지만 인생은 그것 이상의 무엇이지요. 지루하고 싫증나는 일을 하느라 잃어버리는 세월을 돈이 보상해 줄 수는 없습니다.

돈 때문에 일을 선택한 사람은 당장은 그럭저럭 살아가겠지만 훗날 언젠가는 과거를 돌이켜 보며 '지금껏 내가 무엇을 하며 살아온 거지' 하는 후회를 할 겁니다.

너무 늦은 시기라는 건 없습니다. 매일 아침을 행복과 설렘으로 맞이하기 위해 무언가 '변화'가 필요하다고 느껴진다면, 지금부터라도 일에 대한 생각, 일을 하는 자세, 그리고 일 자체를 조금씩 바꿔 가야겠습니다.

행복은 마음에,
내 마음속에
키운 사랑에

"너희는 스스로를 위하여 재물을 땅에다가 쌓아 두지 말아라. 땅에서는 좀이 먹고 녹이 슬어서 망가지며, 도둑들이 뚫고 들어와서 훔쳐 간다.

그러므로 너희 재물을 하늘에 쌓아 두어라. 거기에는 좀이 먹거나 녹이 슬어서 망가지는 일이 없고, 도둑들이 뚫고 들어와서 훔쳐 가지도 못한다.

너희의 재물이 있는 곳에, 너희의 마음도 있다."(마태복음 6: 19~21)

톨스토이는 《인생이란 무엇인가》에서 "하늘에 재물을 쌓는다 함은 자기의 내부에 사랑을 키우는 것이다"라고 말했습니다.

세상에는 땅에 재물을 쌓지 않고 자기의 내부에 사랑을 키우는 사람들이 있습니다.

"기부 운동을 펼치고 있는 미국의 워런 버핏 회장 등을 본받아 세상을 떠난 뒤에 재산의 99퍼센트를 사회에 환원하기로 결심했다. 내가 벌어들인 것일지라도 영원히 내 것은 아니기 때문에 아무것도 가져갈 생각이 없다."

〈영웅본색〉의 주인공 주윤발(저우룬파)은 사후에 약 1000억 원에 이르는 전 재산의 99퍼센트를 기부하겠다고 몇 년 전 약속했습니다.

주윤발이 말한 워런 버핏과 빌 게이츠가 벌이고 있는 기부 운동은 '기부 약속The Giving Pledge'입니다. 생전에, 또는 사망한 뒤에 재산의 절반 이상을 기부하겠다고 선언하자는 운동입니다.

개인 재산이 약 60조 원에 이르는 빌 게이츠는 이미 자신이 설립한 빌 & 멜린다 게이츠 재난을 통해 30조 원 이상을 기부했습니다.

버핏은 더 대단합니다. 자신의 재단이 아닌 다른 사람의 재단에 거액을 기부했으니까요. 2006년 당시 시가로 35조 원 상당의 주식을 빌 게이츠 재단을 비롯한 5개 자선단체에 기부했습니다. 전 재산의 85퍼센트에 이르는 규모를 선뜻 내놓았고, 그 뒤에도 계속 기부를 하고 있지요.

우리 주변에도 그들처럼 땅에 재물을 쌓지 않고 자신의 내부에 사랑을 키우는 사람들이 있습니다. 이웃의 독거노인을 챙기고 정기적으로 보육원이나 자선단체에 기부합니다. 매년 몰래 쌀가마를 동사무소 앞에 놓고 가는 사람도 있습니다.

"아무도 너에게서 빼앗지 못할, 죽은 뒤에도 너에게 속하여 절대로 늘거나 줄지 않는 그러한 부를 쌓아야 한다. 그 '부'란 곧 너의 영혼이

다."(인도 속담)

　진정한 행복은 재산이 아니라 마음에 있고, 내 마음속에 키운 사
랑에 있습니다. 생각해 볼수록 정말 그렇습니다.

행복은
습관입니다

행복한 삶은 '습관'입니다. 부, 권력 같은 조건이 아니라 '삶을 사는 방법'에 관한 문제입니다.

'행복할 수 있는 습관.' 습관이란 반복과 연습을 통해 저절로 익고 굳어진 행동이지요. 그래서 습관은 고민하고 갈등하거나 결단을 해야 하는 게 아닙니다.

저는 운동은 양치질과 같다는 말을 자주 하곤 합니다. 매일 양치질하는 건 당연하게 생각하면서 운동은 그렇게 생각하지 않는 경우가 많기 때문입니다. 운동도 양치질도 습관이어야 한다는 의미입니다.

매일 고민하지 않고 자동으로 양치질을 하듯이, 운동도 그렇게 해야 합니다. '오늘 운동을 할 것인가, 아니면 텔레비전을 볼 것인가'를 고민한다면 그건 아직 습관이 되지 않았다는 얘깁니다.

긍정적으로 생각하기

지금 이 순간을 음미하기

작은 일들에 감사하기

타인에게 관대하기

용서하기

아이와 배우자에게 따뜻한 말 건네기

부모님께 전화드리기

눈을 돌려 꽃, 하늘 등 자연을 바라보고 감탄하기

먼저 밝게 인사하기…

이런 것들을 '습관'으로 만들 수 있다면 행복해질 수 있을 겁니다.

습관은 결국 반복과 연습이 만들어 줄 겁니다.

행복한 삶, 그건 습관입니다.

애덤 스미스의
행복해지는 성격,
불행해지는 성격

애덤 스미스는 《도덕감정론》에서 행복해지는 성격과 불행해지는 성격의 모습을 이렇게 묘사했습니다.

우선 일상적인 소소한 사건들이 주는 작은 즐거움에 흥미를 느끼고 감사하는 성격입니다.

"성격적으로 쾌활한 것보다 더 좋은 것은 없다. 이러한 성격은 일상적인 소소한 사건들이 제공하는 모든 작은 즐거움으로부터 특별한 흥미를 느낄 줄 아는 것에서 비롯된다."

다음은 반대로 모든 소소한 불유쾌한 일들에 화를 내고 속상해하는 성격입니다.

"모든 소소한 불유쾌한 일 때문에 불안해하는 사람들, 즉 요리사나 집사가 그의 임무 중 아주 시시한 일에 실수를 범했다고 속상해하는 사람, 자기 자신에 대해서건 혹은 다른 사람에 대해서건 간에 다른 사람의 최대로 예절 바른 행동에서도 반드시 이런저런 결점을 찾아내고야 마는 사람, 또는 친한 친구와 오전에 만났을 때 그 친구가 '굿 모닝'이라고 인사하지 않았다고, 그리고 그 자신이 말을 하고 있는 동안 자기 동생이 줄곧 콧노래를 흥얼거렸다고 해서 성을 내는 사람, 교외에 나갔을 때 날씨가 나쁘다고, 여행 중에 도로 상태가 좋지 않다고, 마을에 있을 때에는 친구가 없다고, 또는 모든 공무원들의 일하는 자세가 굼뜨고 불친절하다고 화를 내는 사람, 이런 사람들은, 비록 그에게도 나름대로 이유가 있겠지만, 내 생각에는 다른 사람들로부터 많은 동감을 얻는 일은 거의 없을 것이다."

지금 어떤 모습으로 살아가고 있나요?

건강하고
빛이 없고
양심에 거리낌이 없다면

애덤 스미스는 《도덕감정론》에서 우리에게 이렇게 묻습니다.

　"건강하고, 빚이 없고, 양심에 거리낌이 없는 사람의 행복에 무엇이 더해져야 하는가?"

　가만 생각해 보면 그런 것 같습니다. 그리 어렵지 않은 '애덤 스미스의 행복의 조건'입니다.

행복한 삶을
위한
지혜와 노력

행복은 만들어 가는 것입니다. '지혜'와 '노력'이 필요하다는 의미입니다.

다른 이들을 위해 무언가를 베풉니다. 불우한 이웃을 돕고 시간을 내 자원봉사에도 참여해 봅니다. 사람들과의 관계를 중요하게 생각합니다. 오래간만에 친구에게 연락해 봅니다. 운동도 해야지요. 달리기나 걷기를 시작해 제 몸을 돌봅니다.

항상 작은 일에도 감사하는 마음을 갖습니다. 도전하고 새로운 것을 배우려 노력합니다. 외국어나 악기를 배워 보는 것도 좋겠지요. 목표를 정하고 그것을 달성하기 위해 노력합니다.

'회복 탄력성'을 키웁니다. 실패에 좌절하지 않고 교훈을 얻는 겁니다. 긍정적인 생각을 합니다. 슬픈 기억이 아니라 행복했던 기억을 떠올립니다.

나 자신을 있는 그대로 편안하게 받아들입니다. 나의 단점만을 보며 고민하지 않습니다. 삶에서 자신만의 의미를 찾아 스스로 부여해 봅니다.

이렇게 할 수 있다면 우리는 이미 행복으로 가는 길을 걷고 있는 겁니다.

"당신과 함께한다는 사실이 제겐 커다란 축복입니다"라고 말해 보세요

"당신이 옆에 있어 정말 다행입니다."

"지금 이 시간이 제게는 무척 소중하답니다."

"당신과 함께한다는 사실이 제겐 커다란 축복입니다."

보기만 해도 따뜻함이 느껴지는 말입니다. 자신을 행복하게 만들고, 자신을 아끼는 주위 사람들을 행복하게 해주는 사랑이 듬뿍 담긴 표현이지요.

그러나 안타깝게도 우리는 정반대의 말을 종종 하곤 합니다.

"너 때문에 못 살아."

"당장 회사를 때려치울 거야."

부정적인 마음으로, 변명하는 모습으로, 스스로를 잠시 위로해 보려는 동기에서 이런 말을 던집니다.

이 상반된 말들이 자신과 주위에 전하는 메시지는 분명 다릅니다.

그 결과도 달라지겠지요.

지금 당장 "당신과 함께한다는 사실이 제겐 커다란 축복입니다"라고 말해 보면 좋겠습니다.

중요한 건
경험의 결과가 아니라
경험 그 자체

지난여름 어느 날의 늦은 오후. 가족들과 테라스에 앉아 있었습니다. 무심히 하늘을 보니 푸른 바탕에 작고 흰 구름들이 점점이 떠 있더군요. 그 순간 석양이 비추며 수많은 작은 구름들의 밑부분이 분홍빛으로 물들었습니다.

"정말 아름답다." 탄성이 절로 나왔습니다. 감탄 속에 응시하고 있는 우리 앞에서 그 예쁜 구름들은 불과 5분여 만에 분홍빛을 잃고 평범한 초저녁 하늘로 바뀌더군요.

아름다운 순간의 짧음을 실감했고, 아름다운 순간을 만끽했던 것에 기뻤습니다.

'한정된 시간'만이 허락되어 있는 우리의 삶입니다. 죽기 직전에 "지금까지 내가 진정 원하는 일을 하면서 살았다"고 말할 수 있다면 행복할 겁니다. 만족할 수 있을 것이고 보람도 느낄 수 있겠지요. 그러기 위해서는 인생 전체를 조망하는 시각을 가질 수 있어야 하고, 가장 소중한 존재인 '시간'을 의미 있게 사용해야 합니다.

랜디 코미사는 《승려와 수수께끼》에서 "미뤄진 인생 계획에 따라 살다 보면 보상받기를 원하는 욕심과 다른 것으로 눈 돌리게 하는 방해, 채우고 싶은 허기가 항상 끊이질 않는다. 언제나 뭔가가 부족한 느낌이 드는 것이다"라고 말했습니다.

"매 순간 어떤 형태가 손이나 얼굴에서 완벽하게 그려지는가 하면, 자연의 언덕이나 바다에 표현되는 느낌이 다른 어떤 것보다 마음을 끌기도 한다. 한순간 열정이나 깨달음, 지적 환희가 거부하지 못할 만큼 생생하고 매력적으로 다가올 때도 있다. 중요한 건 경험의 결과가 아닌, 경험 그 자체다. 우리에겐 이 다채롭고 극적인 삶에 대해 한정된 시간만이 허락되었다. 어떻게 하면 그 속에서 가장 정교한 감각의 눈을 통해 모든 걸 놓치지 않고 볼 수 있을 것인가. 어떻게 하면 매 순간 삶의 에너지가 절정으로 타오르는 지점에 항상 발을 디딘 채로 끊임없이 움직일 수 있을 것인가. 이 단단하고 보석 같은 불꽃으로 언제나 활활 타오르며 이 환희를 유지한다면 우리의 인생은 성공한 것이다."

월터 페이터의 《르네상스 역사에 관한 연구》(1873)에 나온 문구입니다. 그의 말대로, 중요한 건 경험의 결과가 아니라 경험 그 자체입니다.

행복은
목적지가 아니라
여행의 과정에

우리에게는 꿈이 필요합니다. 여행으로 얘기하면 '목적지'입니다. 하지만 꿈만으로는 안 됩니다. 우리에게는 오늘도 필요합니다. 여행 그 자체, '여정旅程'입니다.

에베레스트 산에 올라 천하를 내려다보는 것이 목표인 등산가가 있었습니다. 목숨을 걸고 정상에 올라갔는데, 눈보라 때문에 아무것도 볼 수 없었습니다. 내 목표가 고작 이런 거였나, 그는 허무감 속에서 힘없이 하산했습니다.

어느 가을날 친구와 함께 오른 청계산을 떠올려 봅니다. 정상에서 서울 시내가 잘 보이지 않더라도 상관없었습니다. 누군가 다리를 삐어 도중에 내려왔었더라도 관계없었을 겁니다. 오르는 길가에 피어 있는 야생화를 바라보기도 했고, 친구와 오래간만에 이런저런 사는 이야기를 주고받기도 했습니다.

정상 부근 바위에 걸터앉아 가져간 김밥을 함께 먹었고, 하산 길에 허름한 식당에 들러 파전과 막걸리를 함께했습니다. 그것이면 된 것이지요.

꿈이 없으면 목적지가 없고, 그래서는 엉뚱한 곳만 헤맬 수 있습니다. 하지만 꿈이 있다 해도 평소에 잠시 멈춰 생각할 시간을 갖지 않고 질주하기만 해서는, 정작 그 목표를 달성했다고 해도 행복해지기 어렵습니다.

목표 달성도 중요하지만 그 과정에서 오는 행복이 더 중요합니다. 목적지를 향해 가는 '여행' 그 자체에서 행복을 찾는 연습이 필요합니다. 행복은 목적지가 아니라 여행 그 자체에 있습니다.

무화과나무 몇 그루,
약간의 치즈,
서너 명의 친구들만 있다면

무엇이 우리를 행복하게 해주는 걸까요.

"작은 뜰에 무화과나무 몇 그루가 서 있고,

약간의 치즈, 그리고 서너 명의 친구들만 있으면 행복하다.

이것이 그리스의 철학자 에피쿠로스의 사치였다."

프리드리히 니체는 우리에게 그리스 철학자 에피쿠로스의 모습을
이렇게 이야기해 줍니다.

내게 무엇이 있으면 행복할까? 나의 '소박한 사치'는 무엇일까?…

노트를 꺼내, 진정 당신을 행복하게 해주는 소중한 존재 세 가지만
써보세요. 마음이 훨씬 따뜻해지고 평온해지는 걸 느낄 수 있습니다.

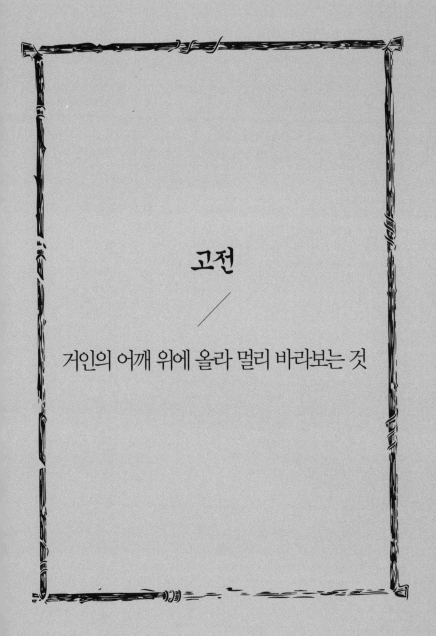

고전

거인의 어깨 위에 올라 멀리 바라보는 것

탐욕은 가난과 부유함 사이의 차이를 과대평가하고,

　야심은 개인적 지위와 공적 지위의 차이를 과대평가하고,

　　허영은 무명의 상태와 유명한 상태의 차이를 과대평가한다.

힘든 상황에서도
무너지지 않는 자,
그가 주인공

그리스 희곡 소포클레스의 《안티고네》

우리는 고전을 통해 현자를 만납니다. 거인의 어깨 위에 올라가 멀리 바라봅니다. 멀리 바라볼 수 있으면 나의 길을 제대로 찾을 수 있지요.

소포클레스(기원전 496~406)의 《안티고네》. 대표적인 고대 그리스 희곡이지요.

도시국가 테베의 왕이었던 비극의 주인공 오이디푸스의 딸 안티고네 공주. 그녀는 자신이 맞닥뜨린 가혹한 운명에 굴복하지 않습니다. 오이디푸스의 처남이자 안티고네의 외삼촌인 크레온 왕은 외세를 이끌고 조국을 공격했다 죽은 오이디푸스의 큰아들 폴뤼네이케스의 시신을 들판에 방치하고 매장해 주지 못하게 했습니다.

살기 위해서라면 왕이 된 외삼촌 크레온의 명령인 '인간의 법'을 따라야 했습니다. 하지만 안티고네는 '신의 법'인 천륜에 따라 큰오빠 폴

뤼네이케스의 시신을 매장해 줍니다. 가족에 대한 사랑으로 왕명을 거역하고 죽음을 맞이합니다.

안티고네는 힘든 상황에서도 결코 무너지지 않았습니다. 패배하지 않았지요. 죽음이 다가오고 있는 최후의 순간에도 뜻을 굽히지 않았습니다. 당당하고 의연했습니다. 우리 인간의 존엄성을 보여주며 자기 인생의 '주인공'이 되었습니다.

한순간도 천박해지지 않은 고귀한 모습입니다. 이 때문에 헤겔은 그녀를 지상에서 가장 고결한 인물이라고 말했지요.

희곡에서 관객의 입장을 대변해주는 코러스는 안티고네에게 이렇게 말합니다.

"그래서 그대는 영광스럽게, 그리고 칭찬받으며

사자死者들의 깊숙한 처소로 내려가는 것이오.

그대는 기진케 하는 병에 쓰러진 것도 아니며,

칼의 대가를 받은 것도 아니오.

그대는 자신의 뜻대로 살다가 인간들 중에서 유일하게

산 채로 하데스로 내려가는 것이오."《안티고네》, 816~822행, 천병희 옮김)

넬슨 만델라는 대학을 졸업하고 변호사로 일하다 26년 6개월 형을 선고받았습니다. 언제 끝날지 모를 아득한 형기였지만 그는 감옥에서 독서 계획을 세웠습니다. 그러고는 그리스 희곡부터 읽었지요.

"고전인 그리스 희곡을 몇 권 읽었다. 그 책들은 나의 정신세계를 풍부하고 알차게 해주었다. 내가 책에서 배운 것은 등장인물들은 어려운 상황에 처했을 때 우열이 갈린다는 점, 지독히 견디기 힘든 상황에서도 무너지지 않는 자가 주인공이라는 점이었다."

고전에서 얻은 그 깨달음이 만델라를 좌절에 빠지지 않게 해주었고, 그를 세계 인권운동의 상징이자 노벨평화상 수상자로 만들어 주었습니다.

우리는 고전을 통해 거인의 어깨 위에 올라 멀리 바라볼 수 있습니다. 멀리 바라보며 지혜와 용기를 얻을 수 있으면 좋겠습니다.

두려움을 아는 자만이
진정한 용기를
가진 사람

아리스토텔레스의 《니코마코스 윤리학》과 공자의 《논어》

힘든 상황이 닥쳐오면 용기가 필요합니다. 그것은 좌절하지 않고 포기하지 않을 수 있게 해주는 힘입니다. 새로운 도전을 앞두고도 용기가 필요하지요. 그것은 기회와 함께 오는 위험을 무릅쓸 수 있게 해주는 힘입니다.

진정한 용기란 무엇인가? 상황이 어려울 때일수록, 앞이 잘 보이지 않는 때일수록 자신에게 묻게 되는 질문입니다.

진정 용기 있는 사람은 두려움을 아는 사람입니다. 두려움에도 불구하고 견뎌 내고 용기를 내는 사람이지요. 아리스토텔레스도 공자도 생각이 같았습니다.

아리스토텔레스(기원전 384~322)는 《니코마코스 윤리학》에서 용감한 사람이란 "마땅히 두려워해야 할 것을, 마땅히 그래야 할 목적을 위해, 또 마땅히 그래야 할 방식과 마땅히 그래야 할 때 견뎌 내고 두려워하며, 또한 마찬가지 방식으로 대담한 마음을 가지는 사람"이라고 말했습니다.

아리스토텔레스는 이를 설명하기 위해 '무모한 사람' 이야기를 합니다.

"켈트인들에 대해 말해지는 바와 같이, 지진이든 큰 파도든 아무것도 두려워하지 않는다면, 그는 미친 사람이거나 고통을 느낄 수 없는 사람일 것이다."《니코마코스 윤리학》, 제3권 7장 7절, 1115b26)

대담함에 있어서 지나친 사람은 무모한 사람이며, 용감한 척하는 사람으로 보인다는 겁니다.

이런 무모한 사람들 중 많은 이들이 '무모한 겁쟁이'이기도 하다고 아리스토텔레스는 말합니다.

"무모한 사람은 경솔해서 위험이 닥쳐오기 전에는 위험을 바라지만, 실제 위험에 처해서는 물러선다. 반면 용감한 사람은 그 전에는 평정을 유지하다가 행동을 취할 때는 빠르고 강렬하다."《니코마코스 윤리학》, 제3권 7장 12절, 1116a7, 강상진 외 옮김)

공자(기원전 551~470)는 무모한 용맹, 즉 만용을 용기와 혼동해서는 안 된다고 가르치고 있다고 이한우 씨도 《논어로 논어를 풀다》에서 말합니다. 제자 자로가 공자에게 군대를 통솔할 기회가 있다면 어떤 사람과 함께하고 싶은지 물었습니다. 공자는 이렇게 대답했지요.

"맨손으로 호랑이를 때려잡고, 맨몸으로 강을 건너려 하여 죽어도 후회할 줄 모르는 사람과 나는 함께할 수 없을 것이니, 반드시 일에 임하여서는 두려워하고, 치밀한 전략과 전술을 세우기를 즐겨하여 일을 성공으로 이끄는 사람과 함께할 것이다."

그도 아리스토텔레스와 마찬가지로 두려움을 아는 자만이 진정 용감한 사람이라고 생각한 것이지요. 진정한 용기를 가진 사람이 두려워하지 않는 이유에 대해서도 공자와 아리스토텔레스는 서로 생각이 통합니다.

공자는, 주희의 풀이대로 그것이 도의를 따르기 때문에 당당해서라고 합니다. 아리스토텔레스는 "용기란 두려운 것들과 대담함을 불러일으키는 것들에 관련한 중용이며, 그렇게 하는 것이 고귀하기 때문에, 또 그렇게 하지 않는 것이 부끄러운 일이기 때문에 선택하고 견뎌낸다"고 말합니다.

노력했던 일이 실패로 끝나서, 아니면 새로운 도전을 앞두고 있어서, 두렵고 위축됩니까? 그건 당연한 겁니다. 우린 두려움도 못 느끼는 '무모한' 사람이 아니니까요.

중요한 건 '그럼에도 불구하고' 용기를 내는 것입니다. 두려움을 알지만 용기를 내는 것이 도의를 따르는 고귀한 일이기에 그것을 선택해 견뎌내는 것, 두려움을 느끼면서도 치밀한 전략을 세워 일을 성공으로 이끄는 것, 이것이 공자와 아리스토텔레스가 조언해 준, 우리가 택해야 하는 '용기의 길'입니다.

'그럼에도 불구하고'라는 생각으로

막스 베버의 《직업으로서의 정치》

아리스토텔레스와 공자의 '용기'에 대해 말씀드리면서, '그럼에도 불구하고'라는 생각을 강조했습니다. 이 멋진 표현은 막스 베버(1864~1920)의 말이지요.

《프로테스탄티즘의 윤리와 자본주의 정신》을 쓴, 현대 사회학의 창시자로 불리는 막스 베버. 그는 폐렴으로 세상을 떠나기 1년 전이었던 1919년에 대학생들을 대상으로 강연을 했습니다. '직업으로서의 정치 Politik als Beruf'라는 그날의 강연은 나중에 책으로도 출간됐지요. 베버는 그 강연을 '그럼에도 불구하고!'라는 유명한 말로 마무리했습니다.

"자신이 제공하려는 것에 비해 세상이 너무나 어리석고 비열하게 보일지라도 이에 좌절하지 않을 사람, 그리고 그 어떤 상황에 대해서도 '그럼에도 불구하고!'라고 말할 능력이 있는 사람, 이런 사람만이 정치에 대한 '소명'을 가지고 있습니다."

정치인은 자신의 기대에 못 미치는 세상과 사람들에 좌절하지 말고 단단한 의지로 계속 자신이 품은 이상을 실현하려 노력해야 한다는 말입니다.

세상은 만만치 않습니다. 주위 사람들도 제 생각과는 다를 때가 많습니다. 노력을 했는데도 기대에 미치지 않는 경우도 많지요. 실망하고 절망하기 쉬운 게 세상입니다.

하지만 그건 당연한 겁니다. 그걸 당연하다 생각하고, '그럼에도 불구하고!'를 조용히 외치며 견뎌 내고 좌절하지 않고 계속 나아가면 좋겠습니다. 그것은 소중한 내 삶에 대한 '소명 의식'이고, 고귀한 내 인생에 대한 예우일 겁니다.

부, 지위, 명성의 결과를 실제보다 '과대평가'하지 말아야

애덤 스미스의 《도덕감정론》

만족하고 멈춰야 할 때가 있습니다. 그때가 언제인지를 모르면 우리는 탐욕과 야심, 허영을 향해 달려가게 되고, 결국 불행의 늪에 빠집니다.

커다란 불행은 대개 멈추지 못했을 때 일어납니다. '별것도 아닌 것'에 '모든 것'을 거는 사람들에게 불행이 닥치는 법이지요.

문제는 만족하고 멈춰야 할 때를 알기가 쉽지 않다는 데 있습니다. 돈이나 권력, 명성은 그 성질상 '적정선'에서 멈추기가 어렵습니다. 그렇다고 아예 그것들을 '무시'하며 살 수도 없습니다. '어느 정도' 필요한, 우리의 삶에서 중요한 존재들이니까요.

그래서 우리에게는 '과대평가'라는 덫에 빠지지 않는 것이 무엇보다 중요합니다. 부나 지위, 명성의 결과를 실제보다 '과대평가'하지 않을 수 있다면 우리는 멈출 수 있기 때문입니다.

《국부론》(1776)을 써서 고전경제학의 창시자로 불리는 애덤 스미스 (1723~1790)는 자신의 또 다른 주저 《도덕감정론》(1759)에서 이렇게 말했습니다.

"탐욕avarice은 가난과 부유함 사이의 차이를 과대평가하고,

야심ambition은 개인적 지위와 공적 지위의 차이를 과대평가하고,

허영vain-glory은 무명의 상태와 유명한 상태의 차이를 과대평가한다."

탐욕과 야심, 허영의 본질을 명쾌하게 정리한 구절입니다.

부유한 것이 가난한 것보다 더 좋은 건 분명합니다. 하지만 돈이 자신의 '모든 것'을 걸고 좇을 만한 가치가 있는 것은 아니지요.

'일정 수준'을 넘어가면, 경제적으로 생활을 영위해 갈 수 있는 웬만한 수준이 된다면 돈은 실제로 그렇게 절대적인 가치를 지닌 건 아닙니다. 하지만 많은 사람들이 탐욕에 눈이 어두워져 그걸 인식하지 못하고 돈의 가치를 과대평가해 불행에 빠집니다.

'과대평가'는 우리가 현재 처해 있는 상황을 더욱 불행하고 고통스럽게 느끼게 합니다. 게다가 수단과 방법을 가리지 않고 부나 지위, 명예를 좇도록 우리를 유도하며, 어리석게도 부정한 행위를 저지르거나 마음의 평정을 잃게 만들기도 하지요.

애덤 스미스는 이렇게 말했습니다.

"(극히 불행했던) 그들 중 절대다수 사람들의 불행은 그들이 자신의 한창 좋은 때가 언제인지, 조용히 앉아서 만족하고 쉬어야 할 때가 언제인지를 알지 못했기 때문에 생긴 것임을 발견할 것이다."

애덤 스미스가 소개한 왕과 신하의 우화를 눈여겨볼 필요가 있겠습니다.

에피루스의 국왕은 자신이 총애하는 신하에게 자신이 계획하고 있는 정복 계획을 차례대로 설명해 주었습니다. 왕이 최후의 정복 계획에 대해 말하자, 그 신하는 왕에게 이렇게 물었습니다.

"그런 다음에 폐하는 무엇을 하실 작정이십니까?"

국왕이 대답했습니다.

"그런 다음 나는 나의 친구들과 더불어 즐겁게 지낼 것이오. 술을 마시면서 친구들과 사귀도록 노력할 것이오…"

그러자 그 신하가 다시 물었지요.

"그러면 무엇이 폐하께서 지금 그렇게 하시는 것을 방해하고 있습니까?"

왕은 지금의 상황과 자신의 원대한 정복 계획이 완성됐을 때의 결과 사이의 차이를 '과대평가'했습니다. 목표를, 계획을 갖지 말자는 게 아닙니다. 그 목표를, 그 계획을 '명확하게' 갖자는 얘깁니다.

자신의 목표와 계획이 무엇인지, 어디까지인지 명확하게 알고 있다면 부나 지위, 명성을 실제보다 '과대평가'하지 않을 수 있게 되고, 그럼 우리는 탐욕과 야심, 허영에 휩쓸리지 않을 것이며, 적정선에서 현명하게 멈출 수 있을 겁니다.

그곳에 '좋은 삶'과 '행복'이 있습니다.

고전

청아한 연주가
연주자의 솜씨보다
악기 덕택인가

아리스토텔레스의 《정치학》

피아니스트가 멋진 연주를 했을 때, 누구도 그 아름다운 연주가 연주자의 솜씨 때문이 아니라 비싼 피아노 덕분이라고 말하지 않습니다.

메이저리그의 홈런왕이 또 장쾌한 홈런을 쳤을 때도 역시 그 놀라운 성적이 선수의 기량보다 좋은 배트 덕택이라고 말하지 않지요.

하지만 우리는 자신의 행복에 대해 말할 때는 종종 악기 탓, 기구 탓을 합니다. 자신의 내면을 보기보다는 외적 조건들에 주목합니다. 피아노가 최고급이 아니라서 이번에 내가 한 연주가 형편없었다고 말하는 셈입니다.

아리스토텔레스(기원전 384~322)는 《정치학》에서 다음과 같은 인상적인 말을 했습니다.

"사람들은 외적인 선이 행복의 원인이라고 믿는데, 그것은 마치 현악기 뤼라의 청아한 연주가 연주자의 솜씨보다 악기 덕택이라고 말하는 것과도 같다." 《정치학》, 1332a21, 천병희 옮김)

행복은 외부 조건이 아니라 내 안에 있습니다. 현악기 뤼라의 청아한 연주가 악기 덕택이 아니라 연주자의 솜씨 덕분인 것과 마찬가지로 말입니다.

마음이 평정하면
향유하지 못할 것이
없습니다

애덤 스미스의 《도덕감정론》

평화롭고 고요한 마음에 행복이 있습니다. 우리는 작은 이익에 정신이 팔리거나 야심과 허영에 휘둘리면서 마음의 평정을 잃곤 하지요. 마음이 흔들리고 바빠지고 피폐해지며 지칩니다. 속을 끓입니다. 마음이 불안해지면서 부초浮草처럼 떠다니며 불행에 빠집니다.

애덤 스미스는 《도덕감정론》(1759)에서 이렇게 말했습니다.

"행복은 마음의 평정平靜과 향유享有 가운데 있다. 평정 없이는 향유할 수 없고, 완전한 평정이 있는 곳에는 향유할 수 없는 것이란 있을 수 없다."

'심한신왕心閑神旺.' 마음 심, 한가할 한, 정신 신, 성할 왕입니다. 마음이 한가하니 정신의 활동이 오히려 왕성해진다는 의미입니다. 정민 교수가 《일침》에서 소개한 청나라의 전각가 등석여鄧石如의 인보印譜에 나온 표현입니다.

송나라의 이종이李宗易가 쓴 시 〈정거靜居〉도 좋습니다.

"마음이 넉넉하면 몸도 따라 넉넉하니

몸 한가한데 마음만 바쁨 다만 걱정 이것일세.

마음이 한가로워 어디서건 즐긴다면

조시朝市와 구름 산을 따질 것 굳이 없네."

그렇습니다. 애덤 스미스의 말처럼, 마음이 평정하지 않으면 그 무엇도 향유할 수 없습니다. 마음이 평정하면 향유하지 못할 것이 없고, 행복은 그곳에 있습니다.

파리를 즐기는 게 아니다,
파리에서
'나 자신'을 즐기는 것이다

쇼펜하우어

지금 행복하십니까? 지금 즐거우신가요? 만약 그렇지 않다면, 나는 지금 행복을 어디에서 찾고 있는지 돌아볼 필요가 있습니다.

행복을 '나 자신'이 아닌 외부의 '대상'에서 찾고 있다면, 그는 행복해지기가 쉽지 않습니다. 돈이나 물건을 '소유'하거나 지위로 '타인의 눈에 들어서' 얻을 수 있는 행복은 일시적이거나 공허할 때가 많기 때문입니다. 10만 원짜리 옷을 사면 다음에는 50만 원짜리 옷을 원하게 되고, 평사원이 과장으로 승진하면 더 높은 자리에 눈이 가기 마련이지요.

철학자 쇼펜하우어(1788~1860)는 영어로 '즐기다'의 의미는 '자신을 즐기다to enjoy oneself'라는 뜻이라고 강조했습니다. 실제로 우리는 '그는 파리를 즐긴다He enjoys Paris'가 아니라, '그는 파리에서 자기 자신을 즐긴다He enjoys himself in Paris'라고 쓰지요. 즉 '즐기다'라는 것은 '대상'

을 즐기는 것이 아니라 '자기 자신'을 즐기는 걸 의미합니다.

내가 파리에 있건 뉴욕에 있건, 아니면 집 앞 소박한 공원에 있건, 그곳에 있는 나 자신, 그 대상과 관계 맺고 있는 나 자신을 즐기고 거기서 행복을 찾는다고 생각하는 것이 중요합니다.

어느 곳에 있든, 굳이 부자나 권력자가 아니더라도 감수성이 풍부한 사람은 작은 일에서 큰 행복을 느낄 수 있습니다.

쇼펜하우어의 숭배자였던 니체. 그도 《인간적인 너무나 인간적인》에서 이렇게 말했지요.

"사람들은 '일에 대한 기쁨'이라고들 말한다. 그러나 사실은 일을 매개로 한 자신에 대한 기쁨이다."(501. 자신에 대한 기쁨, 김미기 역)

행복은 자기 자신에 있습니다. '소유'나 '타인의 인정'에서 행복을 찾으려 해서는 안 됩니다. 남이 아닌 자신이 되어 자신으로부터 행복을 찾아내는 것이 중요합니다.

행복하다고 느껴지지 않을 때는, '그는 파리를 즐긴다'가 아니라, '그는 파리에서 자기 자신을 즐긴다'라는 쇼펜하우어의 말을 떠올리시기 바랍니다.

천재도
벽돌 쌓는 법부터 배우고 나서
건물 짓는 법을 배운다

프리드리히 니체

지금 맡고 있는 일이 시시하고 하찮게 느껴질 때가 있습니다.

더 큰 일을 맡기면 멋지게 해낼 텐데, 하고 생각하면서 지금의 일에 집중하지 않습니다. 일이 단순하고 지루하다 여기고 언젠가 중요한 일을 하고 있는 자신의 모습을 상상하며 지금의 일은 대충대충 처리합니다.

《차라투스트라는 이렇게 말했다》,《인간적인 너무나 인간적인》 등을 쓴 철학자 프리드리히 니체(1844 ~ 1900)는 이렇게 말했습니다.

"천재도 역시 먼저 벽돌을 쌓는 법부터 배우고 그다음에 건물을 짓는 법을 배우며, 끊임없이 재료를 찾으면서 그 재료를 활용해 계속 자기 자신을 완성해 나간다.

그들은 모든 것을 재료로 활용하고, 언제나 자신과 타인들의 내적 삶을 열심히 관찰하며, 어디서나 본보기와 동기를 발견하고, 활용 가능한 수단과 재료를 지칠 줄 모르고 통합한다."

　자신이 건물을 짓는 법부터 배우려고 했던 것은 아닌지, 벽돌 쌓는 법을 배우는 것이 시시하거나 지루하다고 생각하고 있는 것은 아닌지, 니체를 떠올리며 돌아보면 좋겠습니다.

존경하는 이에게
질책을 받으면 기뻐할 일,
그가 너그럽게 감싸주기만 하면 긴장해야 할 일

홍자성의 《채근담》

배우고 싶은 선배나 상사에게 질책을 받는다면 기뻐할 일입니다. 거꾸로 그가 나를 그저 너그럽게 감싸주기만 한다면 '긴장'해야 할 일입니다. 하지만 우리는 반대로 생각하기 쉽지요.

중국 명나라의 홍자성은 《채근담》에서 이렇게 말했습니다.

"차라리 소인에게 헐뜯음을 당하는 대상이 될지언정 소인배가 아첨하는 대상이 되어서는 안 된다. 차라리 군자의 질책을 받을지언정 군자가 감싸는 대상이 되어서는 안 된다."

군자는 태도가 올바르고 가능성이 있는 사람에게 엄격합니다. 질책을 하면서 바른 길로 갈 것을 권하지요.

하지만 태도가 올바르지 않고 가능성이 없는 이에게는 너그럽게 대하는 경우가 있습니다. 질책을 해도 바뀔 것 같지 않다고 생각하기 때문이겠지요.

소인배가 나에게 아첨한다면 그 또한 자신을 되돌아보아야 할 일입니다. 그가 나에게 무언가 특혜를 기대하고 있기 때문이니까요. 내가 아첨을 하면 무언가를 주는 인물로 평가받고 있다는 의미입니다. 소인배에게는 거꾸로 헐뜯음을 당하는 대상이 되는 편이 낫겠습니다.

그렇습니다. 존경하는 이에게 질책을 받으면 기뻐할 일이고, 반대로 그가 너그럽게 감싸주기만 하면 긴장해야 할 일입니다.

삶의 마지막 순간에,
"그대가 주었을 때보다
더 나아진 영혼을 돌려받으시오!"

세네카의 《인생의 짧음에 관하여》

우리가 가장 만나기 힘든 사람은 어쩌면 '자기 자신'일지도 모릅니다.

짝사랑하는 이, 대통령, 재벌 회장, 유명 스타만 만나기 힘든 게 아닙니다. 체면 때문에, 욕심 때문에, 아니면 그저 남들을 따라 하느라 밖으로 바쁘게 돌아다니지만, 정작 자신을 만나고 자신을 위해 시간을 쓰지 못할 때가 많습니다.

자신을 만나야 '자기 인생'을 살 수 있고, 그래야 인생의 마지막 순간에 후회하지 않을 수 있을 텐데 말입니다.

로마의 스토아 철학자이자 작가, 정치가인 루키우스 안나이우스 세네카(기원전 4~기원후 65). 로마 민중의 사랑과 존경을 받았던 그는 네로가 열두 살 때 그의 가정교사가 되었습니다. 그리고 열일곱 살에 황제에 오른 네로가 초기 5년 동안 선정을 펼치는 데 영향을 미쳤습니다. 그러나 서기 65년 네로가 자신을 암살하려는 음모에 연루되었다며 자결을 명하자 스토아 철학자답게 평정을 잃지 않은 가운데 자결을 했지요.

"우리가 사는 것은 인생의 일부분에 지나지 않는다."

그리스의 시인 호메로스나 로마의 시인 베르길리우스의 말로 알려진 이 말을 세네카는 강조합니다. 우리는 인생의 일부분만 '자기 인생'으로 살 뿐이며, 나머지는 그저 시간을 보내거나 '타인의 인생'을 산다는 의미입니다.

얼마 전 우리 사회에서 불평등한 '갑을 관계'가 관심의 초점이 되기도 했습니다만, 세네카는 사람들이 갑은 을을 섬기고 을은 병을 섬기면서, 정작 자신을 섬기지는 않는다고 비판합니다. 자신을 위해 자신을 요구하는 사람은 없고, 모두 남을 위해 자신을 소모한다는 것이지요.

그건 우리가 시간을 어떻게 사용하는지를 보면 알 수 있습니다. 되돌릴 수도, 저축할 수도 없어 세상 그 무엇보다 소중한 시간. 당연히 돈이나 권력, 명예보다 훨씬 소중한 시간. 그 시간을 우리는 넘쳐나는 것처럼 낭비합니다.

"사람들은 마치 공짜인 양 시간을 너무 헤프게 쓰고 있어요. 그런데 바로 그런 사람들이 병들어 죽음의 위험이 다가오면 의사의 무릎을 잡고, 사형에 처하게 되면 살기 위해 자신의 전 재산을 바치려고 하지요."(세네카, 〈인생의 짧음에 관하여〉, 《인생이 왜 짧은가》, 8장 2절)

우리는 돈에 대해서는 그렇게 인색하면서도 시간 낭비에는 너그럽습니다. 세네카의 말대로 과거를 망각하고 현재를 소홀히 하고 미래를 두려워하는 사람의 인생은 짧고 불안합니다. 그들은 가련하게도 종착지에 이르러서야 그동안 내내 하는 일 없이 분주하기만 했다는 것을 너무 늦게 깨닫습니다.

"우리는 분주히 돌아다니는 것을 멈추어야 하네. 많은 사람은 집과 극장과 광장을 돌아다니며 남의 일에 개입하고 늘 바쁜 듯한 인상을 준다네. 그 가운데 한 명이 외출을 하는데 '어디 가시오? 무슨 용건으로 가시오?' 하고 자네가 묻는다면 그는 '나도 모르겠소. 그러나 만나볼 사람들이 있고 볼 일이 좀 있소'라고 대답할 것이네."(세네카, 〈마음의 평정에 관하여〉, 《인생이 왜 짧은가》, 12장 2절)

"분주한 자들은 하나같이 처지가 딱하지만, 그중에서도 자기 일에 분주한 것이 아니라 남의 잠에 맞춰 자기 잠을 조절하고, 남의 걸음에 보조를 맞추고, 가장 자유스런 것인 사랑과 증오에서 남의 지시를 받는 자들의 처지가 가장 딱하지요. 그들이 자신의 인생이 얼마나 짧은지 알고 싶으면 인생에서 얼마나 적은 부분이 자신의 것인지 생각해 보라고 하시오."(세네카, 〈인생의 짧음에 관하여〉, 《인생이 왜 짧은가》, 19장 3절)

우리는 무엇보다 자신과 만나고 자신을 섬기며 '자기 인생'을 살아야 합니다. 주어진 시간을 자신을 위해 비워 두어야 합니다.

세네카는 극소수를 제외한 대부분의 사람들은 인생을 준비만 하다가 떠난다고 말합니다. 우리가 짧은 수명을 받은 것이 아니라 우리가 수명을 짧게 만든 것이지요.

제대로 사는 사람의 인생은 충분히 깁니다. "순간순간을 자신의 필요에 따라 쓰고 하루하루를 마치 자신의 전 인생인 양 꾸려 나가는 사람은 내일을 바라지도 않고 두려워하지도 않는다"고 세네카는 말했습니다.

고전은 우리에게 자신과 만나고 자기 인생을 살아가라고 권합니다. 그럴 수 있다면 우리는 생의 마지막 순간에 평화롭고 당당할 수 있을 겁니다.

훗날 자연이 이전에 우리에게 주었던 것을 돌려 달라고 요구할 때, 세네카의 생각처럼 우리가 이렇게 말할 수 있다면 좋겠습니다.

"그대가 주었을 때보다 더 나아진 영혼을 돌려받으시오! 나는 도망치지 않을 것이고 주춤거리지 않을 것이오. 나는 그대가 준 것을 흔쾌히 돌려줄 각오가 되어 있소. 자, 가져가시오."

하루하루를 인생의 마지막 날인 것처럼 소중하게 '자기 인생'으로 살다가, 마지막 순간에 이런 멋진 말을 할 수 있기를 소망합니다.

"그대가 주었을 때보다 더 나아진 영혼을 돌려받으시오!"

진정한 나

타인의 평가에서 자유로워지기

그대는
그대 자신이
되어야 한다.

1980년대
동숭동의 난다랑과
생각장소, 생각노트

동숭동의 샘터파랑새극장 1층과 2층에 난다랑이라는 카페가 있었습니다. 1980년대의 일입니다. 고등학교 시절과 대학 시절, 저는 무언가 고민이 있을 때면 혼자 그곳을 찾곤 했습니다. 제 '생각장소'였지요.

그때의 동숭동은 조용한 동네였습니다. 지금처럼 화려하고 복잡하지 않은 공간이었습니다. 서울대학교 문리대의 옛 교정이 있었던 곳, 극단과 다방 몇 개가 있었던 한적한 동네… 생각이 필요할 때마다 혼자 노트 한 권을 들고 그곳을 찾았습니다. 2층 창가에 앉아 생각을 정리하고 그것을 노트에 적어 보면 마음도 정리가 되었습니다.

난다랑은 나중에 밀다원이 되었고, 지금은 스타벅스가 되어 있더군요. 동숭동이 화려하고 복잡해지면서 제 '생각장소'는 다른 곳으로 바뀌었습니다. 요즘도 저는 주기적으로 새로 정해 놓은 생각장소를 '생각노트' 한 권을 들고 찾곤 합니다.

나만의 '생각장소'를 하나쯤 갖고 살아가면 좋겠습니다. 내가 누구인지, 어디로 가고 있는지, 지금 무엇을 해야 하는지를 알기 위해서는 잠시 멈추고 진정한 나와 만나야 합니다. 나의 내면의 목소리를 들어야 합니다. 가끔 들러 침묵 속에서 자신의 내면의 목소리를 듣는 곳, 그것이 '생각장소'입니다.

아마존 창업자 제프 베조스는 매 분기 말 며칠씩 회사를 떠나 '생각하는 시간'을 가집니다. 가족과도 떨어진 일종의 '생각장소'에서 고립된 시간을 보내면서 생각을 정리하는 것이지요.

마이크로소프트의 창업자 빌 게이츠도 매년 두 차례 일주일씩 별장에서 '생각주간Think Week'을 갖는 것으로 유명했습니다. 직원은 물론 가족의 방문도 거절한 채 홀로 은둔해 회사의 미래를 좌우할 전략을 세우고 새로운 아이디어를 정리했습니다.

인디언 소년들은 사춘기에 접어들면 홀로 들판이나 산을 찾아 단식을 하며 침묵 속에서 신과 자기 내면의 목소리를 들었다고 합니다. 인디언들은 침묵하고 들을 때에만 자기 내면으로 향할 수 있다고 생각했습니다.

북미의 키카푸족은 사춘기에 들어서는 아이들에게 이렇게 말했습니다.

"이제 너는 뭔가를 알고 싶어 해. 그런데 어디서부터 시작하지? 그게 문제야. 하지만 그것이야말로 네가 대답해야 할 좋은 질문이지.

아마도 그 답은 듣는 걸 거야. 북소리에 귀를 기울이고, 공기에 귀를 기울이고, 숨소리에 귀를 기울이는 거지. 또 대지의 숨소리에 말이야. 그리고 밤하늘을 여행하는 별들에게 귀를 기울이는 거야."

침묵과 듣기를 통해 자신을 만난 인디언들. 그들처럼 우리도 자신만의 '생각장소'를 하나 마련해 놓고 가끔 찾아가 자신과 만나고 내면의 목소리를 들으며 그 '목소리'를 '생각노트'에 적어 보면 좋겠습니다.

그렇게 삶에 필요한 지혜와 용기, 그리고 힘을 얻으며 살아가면 좋겠습니다.

그대
자신이
되세요

우리는 그 누구도 아닌 '나 자신'이 되어야 합니다. 프리드리히 니체는 《즐거운 지식》에서 이렇게 말했습니다.

"그대는 그대 자신이 되어야 한다.Du sollst der werden, der du bist."

그는 또 《차라투스트라는 이렇게 말했다》에서 이렇게 이야기했지요.

"제자들이여, 지금부터 나는 홀로 가려고 한다!

그대들 역시 혼자 가라!

이것이 나의 소망이다. …

언제까지나 제자로 머물러 있기만 하는 것은 스승에게 잘 보답하는 것이 아니다.

그대들은 왜 내가 피운 꽃을 쥐어뜯어 내려 하지 않는가. …

지금 나는 그대들에게 명령한다. 나를 버리고 자기 자신을 발견하라고."

우리는 '나 자신'이 되어야 합니다. 세상의 시선과 자기 자신 사이에서 방황하는 것이 아니라, 꿋꿋하게 홀로 가며 진정한 자신으로 살아야 합니다. 그것이 자신에게도 세상에게도 의미 있는 길입니다.

누가 물을 발견했는지는 모르지만,
물고기가 아닌 것만은
분명하다

'나 자신'이 되기 위해서는 '진정한 나'를 만나야 하고, 그러려면 가끔 멈춰야 합니다. 바쁜 일상 속에서는, 내게 익숙한 환경 속에서는, 진정한 나를 만나기가 힘드니까요.

"누가 물을 발견했는지는 모르지만 물고기가 아닌 것만은 분명하다."
《미디어의 이해》를 쓴 문화비평가 마셜 매클루언의 말입니다. 내게 익숙한 환경에서 한 걸음 떨어져 새로운 시각으로 세상을 보는 것은 결코 쉽지 않은 일입니다. 물속에서 살아가는 물고기가 물을 '의식'하기 쉽지 않은 것처럼 말입니다.

우리는 '일상'이라는 패러다임, 틀 속에서 살아갑니다. 그것이 세상을 단순하게 바라볼 수 있게 해줍니다. 살면서 상황을 신속하게 판단하고 예측할 수 있게 도와줍니다. 복잡한 세상을 살아가기 위해 필요한 마음의 틀이지요. 하지만 '일상'에 의존해 사는 것에는 위험도 따릅니다. '진정한 나'를 잃어버리고, 결국 '인생의 길'을 잃어버릴 수 있습니다.

그래서 우리는 가끔 그 틀에서 벗어날 필요가 있습니다. 내게 진정 소중한 것이 무엇인지 찾아내야 한다거나 내가 지금 올바른 길을 걷고 있는지 점검해야 할 때 그렇습니다.

중요한 건 대개 눈앞에 있습니다. 문제는 내가 그것을 알아볼 수 있는 '눈'을 갖고 있느냐는 것이지요.

"누가 물을 발견했는지는 모르지만 물고기가 아닌 것만은 분명하다."

자신이 속한 환경에서 한발 떨어져서 새로운 '눈'을 가질 필요가 있을 때, '진정한 나'와 만나고 당신의 삶의 길을 점검해 볼 필요가 있을 때, 그때는 이 물고기와 물에 대한 이야기를 떠올려 보세요.

나 자신을
관찰해 보는
시간

프로야구 선수는 자신의 타격 모습이나 투구 모습을 비디오로 찍어서 관찰해 봅니다. 가수는 자신의 노래를 녹음해서 들어 보지요. 그들은 그런 '관찰'을 통해 자신을 객관적으로 파악해 갑니다. 그래야 앞으로 무엇을 바꾸고 자신을 어떻게 변화시켜야 할지 알 수 있으니까요.

'진정한 나와 만나기 위해서는 자신을 '관찰'하는 시간을 가질 필요가 있습니다. 객관적인 시각으로 스스로를 관찰해 보며 자신을 알아 가는 시간입니다. 무심코 시간을 보내서는 '나 자신'을 만날 수 없습니다. 자신을 관조할 수 있어야 자신에 대한 자각이 가능하고, 무엇을 해야 하는지 알 수 있습니다.

데모크라테스는 "남의 일로 분주하면서 자신의 일을 모르는 것은 부끄러운 일이다"라고 말했지요.

야구 선수가 자신의 타격 모습을 비디오로 찍어 관찰하듯이, 일상의 모습을 머리 위에서 비디오로 찍는 상상을 하며 자신을 관찰하는 시간을 가져 보세요.

　하루를 어떻게 보내는지, 누구를 만나고 어떤 책을 읽으며 무슨 생각을 하는지. 그럼 '진정한 나'의 모습이 보일 겁니다. 이제 무얼 해야 할지도 보일 겁니다.

나의
가장 힘겨운 적은
'거짓'이 아니라 '신화'

미국의 케네디 대통령은 1962년 6월 11일 예일대 졸업식 연설에서 이렇게 말했습니다.

"진실의 가장 커다란 적은 계획적이고 부자연스러우며 부정직한 거짓이 아니라, 끈질기고 그럴듯하고 비현실적인 신화다. The great enemy of the truth is very often not the lie-deliberate, contrived and dishonest but the myth-persistent, persuasive, and unrealistic."

그렇습니다. 진실의 가장 힘겨운 적은 '거짓'이 아니라 오히려 '신화'일 수 있습니다. 케네디는 정치 이야기를 한 것이었지만, 그것은 개인에게도 마찬가지입니다.

우리가 진정한 '나'를 만나려면 자신에 대해 갖고 있는 그럴듯하고 비현실적이고 끈질긴 '신화'를 극복해야 합니다. 인식하지 못하는 사이에 내가 만들어 놓은 나에 대한 신화. 그것은 비현실적이라 매력적으로 보이기도 하고, 그럴듯하기 때문에 끌릴 수도 있습니다. 그래서 끈질기게 우리를 현혹하지요.

오히려 '거짓'은 극복하기가 쉬울 수 있습니다. 부정직하고 부자연스럽기 때문에 알아차릴 수 있고, 거짓의 의도가 드러나기도 하니까요.

'나 자신'으로 살아가기 위해서는 그동안 내가 부지불식중에 만들어 놓았을 나에 대한 비현실적이고 허망한, 하지만 매력적인 것으로 보이는 '신화'를 무너뜨려야 합니다. 그리고 '진실된 나'와 대면하려 노력해야 합니다.

다빈치와 카라얀,
그리고
'그만해야 할 일 목록'

"레오나르도 다빈치는 예술을 전반적으로 이해하기 위해 너무나 많은 것에 손을 대서 아무것도 제대로 끝마치지 못했다는 사실을 알 필요가 있다."

미켈란젤로와 같은 시대에 살면서 당대의 유명한 화가와 조각가, 건축가들에 대한 전기를 쓴 조르조 바사리. 그는 "천재들에게도 좀 부족한 것이 오히려 더 나을 수도 있다"며 다빈치에 대해 위와 같이 말했습니다.

'체계적인 포기'가 중요합니다. 다빈치 같은 천재들에게도 필요한데, 우리 같은 일반인들에게야 더 말할 필요가 없지요.

헤르베르트 폰 카라얀은 이 체계적 포기의 대가였습니다. 1955년부터 1989년까지 베를린 필하모닉을 이끌면서 정상에 오른 그는 자신의 레퍼토리를 절대 넓히지 않았습니다. 몇몇 작곡가의 작품에만 주력해 최고가 되려 했지요.

좀 부족한 것이 오히려 더 나을 수도 있다….

시간이 갈수록 저도 이 '체계적 포기'를 실천하기가 참 어렵다는 생각을 하곤 합니다. 다만 그 중요성을 잊지 않으려 노력하고 있습니다.

이것저것 손을 대다가는 길을 잃고 자기 자신도 잃어버릴 수 있습니다. 나이가 들고 경험이 쌓일수록 의식적으로 '가지치기'에 나설 필요가 있습니다. 버릴 건 버려야 진정한 나 자신을 볼 수 있습니다.

그래서 '해야 할 일 목록'은 물론이고 가끔 멈춰 서서 '그만해야 할 일 목록stop-doing-list'을 작성해 보는 것은 중요합니다.

마이클 조던과 야구…
누구에게나 자신이 가장 잘할 수 있는
분야가 따로 있습니다

사람마다 성격도, 용모도 다 다르듯이 강점을 지닌 분야도 다릅니다. 자신과 정면으로 만나 대화하며 내가 어느 분야에 가장 큰 강점을 갖고 있는지 찾는 것은 그래서 중요합니다.

마커스 버킹엄은 《스탠드아웃》에서 이렇게 말합니다.

"우리들 각자는 지속적으로 두각을 드러낼 특별한 분야를 가지고 있다. 그 분야에서는 다른 1만 명의 사람들보다 더 잘, 그리고 더 빠르게 일을 배운다."

하지만 그곳에서 조금만 벗어나도 우리의 능력은 놀라울 정도로 빨리 평균 수준으로 떨어집니다. 그 인상적인 사례가 바로 세계적인 농구 선수 마이클 조던입니다. 그가 프로야구 선수가 되려 시도했던 것을 기억하실 겁니다.

그는 전성기 때 NBA에서 은퇴했고, 농구에서처럼 야구에서도 커다란 성취를 이루려 노력했습니다. 부친이 갑자기 돌아가시자 조던은 부친과 자신의 평생 꿈이었던 프로야구 선수가 되기로 결심했지요.

조던은 마이너리그에 진출했고, 첫해에 2할 2리의 타율을 기록했습니다. 그는 농구 선수 시절에 그러했듯 특유의 성실함으로 야구에 매진했습니다. 1년 만에 타율을 2할 5푼 2리로 끌어올렸지요.

당시 그의 매니저는 조던이 조금만 더 애썼다면 메이저리그에도 진출할 수 있었을 것이라고 말했지만, 그렇더라도 평범한 선수에 머물렀을 것이라고 했습니다.

그 이후의 조던은 다시 우리가 알던 조던으로 돌아왔지요. 시카고 불스로 복귀했고 NBA 우승을 세 번이나 더 차지했습니다.

누구에게나 자신이 가장 잘할 수 있는 분야가 따로 있습니다. '나'와 대화하며 그 분야를 찾아야 합니다.

산책으로
생각
정리하기

생각을 정리해야 하거나 복잡한 문제의 해결 방법을 찾아야 할 때
는 일단 자리에서 일어나 산책을 시작해 보세요. 산책을 할 때 생각
이 정리되거나 좋은 아이디어가 떠오르는 경우가 많습니다. 걸을 때
발을 통해 뇌에 자극이 주어지기 때문일 거라 생각하며 저 또한 자주
걷습니다.

하버드 의대 교수인 존 레이티는 《뇌, 1.4킬로그램의 사용법》에서
이렇게 말합니다.

"걷기나 달리기 같은 기초적인 운동은 이런 두뇌 영역에 가장 깊이
내재된 뉴런 발화 패턴을 유발한다. 그러면 두뇌는 복잡한 사고들 사
이에서 근본적인 발화 패턴을 정립해, 창조적인 발상을 하거나 해결
책을 찾도록 도와준다."

1차 운동피질, 기저핵, 소뇌같이 신체적 운동을 조율하는 기관들

이 사고의 움직임도 조율하기 때문에, 그들이 신체적 움직임을 명령할 때 동시에 생각하는 데 필요한 사고의 연속도 명령한다는 겁니다.

우리가 걷기 시작하면 우리의 뇌도 생각을 시작합니다. 일어서서 산책을 하면 보이지 않던 길도 보이고, 진정한 나와도 만날 수 있습니다.

낙타의 발걸음처럼
느긋하고
일정하게

언제가 사막을 걸어보고 싶습니다. 사막을 걷는 건 어떤 느낌일까요. 풍광이 좋은 것도 아니고 낯선 사람들이나 문화와 조우하는 것도 아닌, 그런 장소를 걷는 것.

사막 여행으로 유명한 탐험가이자 프리랜서 저널리스트인 아킬 모저. 50대 후반의 독일인인 그는 《당신에게는 사막이 필요하다》에서 이렇게 말합니다.

"삭막한 광야를 걷기 위해서는 오로지 자신의 내부로 집중하는 것이 필요하며, 또한 우리 모두의 내면에도 공허한 광야와 사막이 있다."

그는 자신 속의 광야와 만나기 위해 사막을 걸었다고 했습니다. 그 사막을 낙타들은 느긋하고 일정한 발걸음으로 걷습니다.

"낙타는 시소처럼 흔들리는 우스꽝스런 걸음으로 한 시간에 4~5킬로미터를 걸었다. 항상 접시만 한 크기의 발 세 개가 바닥을 스친다. 낙타의 이상스런 걸음은 느긋하고 일정하다. 그래서인지 단단하게 다져진 모래 위엔 거의 발자국을 남기지 않는다. … 유목민들을 제외하면 일정한 리듬으로 계속되는 발걸음이 얼마나 큰 행복이고 얼마나 아름다운 감동인지 이해할 수 있는 이가 있을까?"

삭막한 사막을 느긋하고 일정한 발걸음으로 걷는 낙타처럼, 우리도 가끔은 느긋하고 일정하게 걸으면서 오로지 자신의 내부로 집중하는 시간을 가질 필요가 있습니다.

나를 위한
'작은 섬',
치유의 공간

오랜 친구와 언젠가 산티아고에 가기로 했습니다. 선후배 몇 명과 함께하는 모임의 이름은 '프로방스'입니다. 니체가 예찬했던 곳 프로방스. 그 역시 언젠가 함께 가보자는 의미로 모임 이름을 그렇게 지었습니다.

사람들은 실제로 루르드, 산티아고 같은 '치유의 성지'를 향해 떠나기도 합니다.

프랑스 피레네 산맥 기슭에 있는 루르드. 1858년에 베르나데트 수비루라는 열네 살짜리 소녀가 루르드에 있는 한 샘에서 성모 마리아의 환영을 보았고, 그 뒤로 마을이 치유의 성지가 되었습니다. 매년 600만 명의 관광객과 8만 명의 병든 순례자들이 찾아옵니다.

800여 킬로미터를 걷는 산티아고에도 많은 사람들이 모입니다. 정신건강 전문가이자 신경건축학자인 에스더 스턴버그가 《공간이 마음을 살린다》에서 이렇게 말했더군요.

"우리는 자신을 위한 치유 공간을 만들어 낼 수 있다. 이 세상 어디에 있든, 바쁜 삶 속에서 잠깐만이라도 시간을 낼 수 있다면 자신만의 작은 섬을 만들 수 있다. 치유의 공간은 우리 자신 안에서, 우리의 감정과 기억 안에서 찾을 수 있다. 가장 강력한 치유의 힘을 지닌 곳은 바로 우리 뇌와 마음속에 있기 때문이다."

사실 저나 친구들에게 산티아고와 프로방스는 '마음속의 안식처'입니다. 아마 두 곳 모두 끝내 가보지 못할는지도 모릅니다. 그들과 가끔 만나 '그곳' 이야기를 나누는 것만으로도 충분하다는 생각도 합니다.

오히려 일부러 가지 않고 마음속에 남겨 놓는 것이 더 좋을지도 모르겠습니다. 가끔 마음으로 가면 좋겠지요.

그런 공간 외에도 내가 사는 주변 가까운 곳에 나를 위한 치유 공간을 한두 개 갖고 살아가면 좋겠습니다. 저 역시 그런 곳을 가지고 있습니다.

힘들거나 생각을 정리해야 할 때 찾아갈 수 있는 '치유의 공간을 한 곳 만들어 보시지요.

타인의
평가에서
자유로워지면

우리가 하는 많은 고민들, 잘 살펴보면 '타인의 평가' 때문인 경우가 많습니다. 남들의 시선만 없다면 아무것도 아닐 수 있는 일들이 우리를 괴롭히곤 합니다. '타인의 반응'이 아닌 '진정한 나'와 대면한다면 무의미할 수 있는 것들이지요.

쇼펜하우어는 스스로 서지 못하는 우리의 이런 모습을 '어리석다'고 말합니다.

"무슨 일을 하건 간에 사람들은 제일 먼저 남들의 눈치를 본다. 인생사 대부분의 고민은 남들이 하는 말과 행동 때문에 생긴다.

왜 우리는 그토록 타인의 반응에 신경을 쓰는 것일까? 그 이유는 너무나 민감하고 쉽게 다치는 자존심이라는 연약한 감정 때문에, 또 내면 깊이 숨어 있는 불안 때문이다."

자신의 가치를 믿고, 막연한 내면의 불안에서 벗어나 봐야겠습니다.

그것이 '타인의 평가'로부터 자유로워져 '진정한 나'로 세상을 살아갈 수 있는 길입니다.

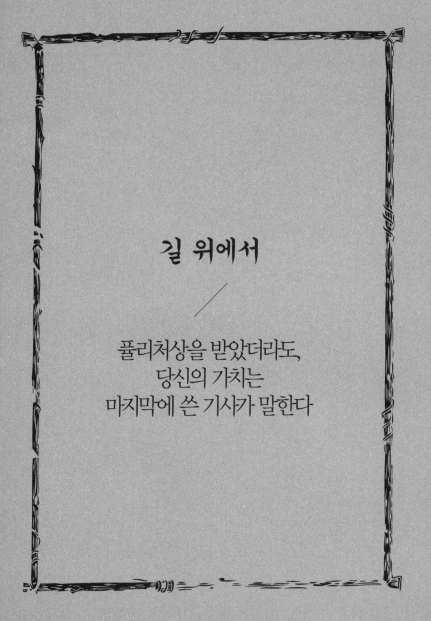

길 위에서

풀리처상을 받았더라도,
당신의 가치는
마지막에 쓴 기사가 말한다

오늘이 내 마지막 날일 수도 있다고 매일 생각하지만
일흔한 살인 지금도 나는 매일 일을 하러 간다.
매 순간을 최대한 충만하게 살고 싶다.

퓰리처상을 받았더라도,
당신의 가치는
마지막에 쓴 기사가 말한다

제가 서울방송과 조선일보에서 보냈던 1990년대와 2000년대 초는 정치의 민주화가 본격적으로 시작된 시기였습니다. 경제는 호황으로 치달았다 IMF 구제금융 사태로 급전직하했습니다. 인터넷이 자신의 가능성을 보여 주기 시작하기도 했지요. 개인적으로 그런 변화의 시대에 세상을 파악하기 위해 '현장'에서 지내던 시절이었습니다. 당시의 언론계 생활은 제게 '팩트'(사실)의 중요성을 가르쳐 주었습니다. 현장을 지키는 '치열한 자세'의 소중함도 알려 주었지요.

길 위에 있어야 길이 보입니다. 언론계를 떠난 지는 오래됐지만 이를 잊지 않고 살아가려 노력하고 있습니다. 길 위에, 현장에 팩트가 있습니다. 팩트를 기반으로 하지 않은 결과물은 생명력이 없지요. 기사 쓰기도, 정부 정책 입안도, 기업의 경영계획 수립도 그렇습니다. 어느 분야건 현장이 중요합니다. 초심을 잃지 않고 '길 위에 머물겠다는 생각, '길 밖' 편안한 곳에 자리를 깔고 안주하지는 않겠다는 자세가 필요합니다.

"과거에 퓰리처상을 받았더라도, 당신의 가치는 당신이 가장 마지막에 쓴 기사가 말한다."

제가 좋아하는 말입니다. 구삼열 전 아리랑TV 대표는 유명 음악인 정명화 씨의 남편으로 유니세프 한국 대표 등을 역임한 전직 언론인이지요. 그가 AP통신 기자 시절, 선임 기자에게 들은 이야기이기도 합니다.

그렇습니다. 아무리 세계적인 피아니스트라 해도 그의 가치는 그의 마지막 연주가 말해 줍니다. 작년의 홈런왕이라 해도 그의 가치는 그의 마지막 경기 성적이 말해 주지요. 최고의 소설가도 그의 가치는 그가 마지막에 쓴 소설이 말해 줍니다. 안주와 나태를 경계하는 말입니다. 끊임없는 정진과 변화를 강조하는 말입니다.

내가 나의 분야에서 '가장 마지막에 쓴 기사'가 무엇인지 돌아볼 필요가 있습니다. 그 '마지막 작품'이 나를 말해 주는 것이니까요.

언론인 최고의 영예인 퓰리처상 수상자도 그의 가치는 그가 마지막에 쓴 기사가 말해줍니다. 어느 분야에 있든지, 우리도 그렇습니다.

거문고 줄을
다시 팽팽하게…
해현경장

해현경장解弦更張.

풀 해, 시위(악기 줄) 현, 고칠 경, 베풀(기세가 오를) 장입니다. 거문고의 줄을 풀어서 팽팽하게 고쳐 맨다는 뜻입니다. 《한서》〈동궁서전〉에 나오는 말입니다.

그 반대는 교주고슬膠柱鼓瑟입니다.

아교 교, 기둥 주, 북 고, 거문고 슬이지요. 줄이 잘 맞아 있을 때 아교로 붙여서 그 상태로 계속 유지해 보겠다는 태도를 의미합니다.

아교로 고정시켜 기대처럼 최적의 상태를 계속 유지할 수 있다면 얼마나 편하겠습니까. 하지만 시간이 지나가면 자연히 아교로 붙여 놓은 거문고 줄은 변형되고, 제 음을 낼 수 없게 됩니다. 훌륭한 연주를 하는 것이 불가능해집니다.

고령화 사회의 도래와 저성장 국면의 장기화. 우리가 맞이하고 있는 시대입니다. 쉽지 않은 상황입니다.

　초심으로 돌아가 거문고 줄을 풀어 다시 팽팽하게 매야겠습니다.

　교주고슬이 아니라 해현경장을 기억하며, 항상 '길 위'에서 팽팽하게 살아 있어야겠습니다.

바흐,
나는 부지런한 삶을 살아야 할
의무를 다한 것뿐이오

바흐의 샤콘느를 자주 듣습니다. 야샤 하이페츠의 바이올린 연주도 좋지만, 브람스나 부소니가 편곡한 피아노곡이 참 좋습니다. 프랑스의 미녀 피아니스트 엘렌 그리모의 연주를 듣고는 부소니의 악보를 구해 앞부분을 겨우겨우 흉내 내보았던 기억이 떠올라 미소가 나오네요.

바흐의 음악을 들을 때마다 그의 치열했던 삶이 먼저 생각납니다. 그는 성실한 노력가였습니다. 바흐는 학생들에게 음악을 가르치고 관현악단과 합창단을 연습시켰습니다. 궁정악장의 임무를 수행하기 위해 관리들과 논쟁을 벌이고 부탁해야 했고, 심지어 라틴어까지 가르쳤다고 합니다. 이런 과중한 업무 속에서 지금 우리가 감상하고 있는 음악들을 작곡한 것이지요.

사람들이 바흐에게 어떻게 그렇게 높은 수준의 음악적인 기교를 터득했는지 물으면 그는 이렇게 대답했습니다.

"나는 부지런한 삶을 살아야 할 의무를 다한 것뿐이오. 누구든 나처럼 부지런하게 살면 나와 같은 성공을 거두게 될 것이오."

바흐 전기를 쓴 포르켈은 바흐가 자신의 재능이 타고난 것이라고는 전혀 생각하지 않는 듯했다고 말했습니다.

안주하지 않고 자신의 길 위에서 부지런히 걸었던 바흐도 인상적이지만, 뉴턴의 '집중'도 인상적입니다. 뉴턴에게 누군가가 어떻게 그 많은 발견을 해낼 수 있었는지 물었습니다.

뉴턴은 "늘 그것들에 골몰한 덕"이라고 짧게 대답하곤 했지요. 말수가 좀 많은 날에는 이렇게 대답했습니다.

"나는 문제가 되는 주제를 언제나 마음속에 담아 두고, 그 문제를 비추는 희미한 빛이 밝고 환한 빛으로 바뀔 때까지 골몰하곤 합니다."

에드워드 안드레이드가 쓴 뉴턴의 전기에 나오는 대목입니다. 안드레이드는 이렇게 말했습니다.

"높은 학식을 자랑하는 자들도 모든 것을 제쳐 두고 오직 한 가지 문제에만 한두 시간 이상 정신을 집중하는 것을 힘들어한다. 그러나 뉴턴은 달랐다. 몇 시간이고 전력을 다해 그가 직면한 난제와 씨름했다. 나는 그가 그럴 수 있는 '비범한 집중력'을 지녔다고 믿는다."

내가 지금 게으름과 피곤함을 구분하지 못하고 자신의 나태와 안주에 핑계를 대고 변명을 하고 있지는 않은지, 이런저런 이유로 소중한 것에 집중하지 못하며 지내고 있는 건 아닌지, 그들의 말을 들으며 돌아보게 됩니다.

　"나는 부지런한 삶을 살아야 할 의무를 다한 것뿐이오."

　"늘 그것들에 골몰한 덕이오."

스티븐 호킹,
오늘이 마지막 날일 수도 있다고
매일 생각하지만 나는 일을 하러 간다

소중한 나의 오늘, 매 순간순간을 충만하게 살아간다는 것은 '길 위'에 있다는 겁니다. 안주하지 않고 그 길을 걷는 것이지요.

세계적인 우주물리학자 스티븐 호킹. 70대인 그는 스물두 살 때인 1964년 온몸이 마비되는 루게릭병 진단을 받고도 《시간의 역사A Brief History of Time》를 쓰는 등 초인적인 모습을 보여 왔습니다.

투병 중에 폐렴으로 목소리를 잃은 뒤에는 인공 음성 재생 장치에 의존하면서 연구를 계속했지요. 요즘은 한쪽 뺨 근육에 연결된 센서로 커서를 움직여 의사소통을 하는 프로그램을 사용하고 있습니다. 한 문장을 쓰려면 20~30분이나 걸린다고 합니다. 일반인에게는 상상하기 힘들 정도로 고통스럽고 지루한 과정일 겁니다.

"언젠가 이 볼 근육마저 움직이지 않게 될까봐 두렵다. 내가 더 빠른 속도로 말할 수 있도록 소프트웨어 전문가들이 힘써 줬으면 좋겠다."

눈물 나는 '투지determination'이고 '분투奮鬪'입니다.

호킹 박사가 대표작 《시간의 역사》를 완성하지 못하고 세상을 떠날 뻔했다고 영국의 《선데이 타임스》가 2013년 여름에 보도했더군요. 1985년 그가 스위스에 머물 때 폐렴이 악화되어 혼수상태에 빠지자 회생 가능성이 희박하다고 판단한 의료진이 생명 유지 장치를 떼는 방안을 가족에게 제안했다는 겁니다. 하지만 호킹의 첫 번째 아내인 제인이 반대했고, 그 후 상태가 조금씩 나아졌습니다.

"오늘이 내 마지막 날일 수도 있다고 매일 생각하지만 일흔한 살인 지금도 나는 매일 일을 하러 간다. 매 순간을 최대한 충만하게 살고 싶다."

편안하게 안주하려 하는 우리를 깨워 주는, '길 위'에 서 있는 호킹의 천둥 같은 말입니다.

길 위의 고수는
부끄러움을
모른다

점점 묻는 횟수가 줄어드는 것을 느낍니다. 다른 사람에게 무언가를 물어보기가 점점 더 어려워집니다.

체면 때문에, 모른다는 사실이 드러났다는 부끄러움 때문에… '초심'을 잃어버렸기 때문일 겁니다.

고수高手는 묻는 것을 부끄러워하지 않습니다. 자신감이 있는 데다 초심을 잃어버리지 않았기에, 부끄러움을 모릅니다. 그래서 심지어 라이벌이나 적장敵將에게도 물어볼 수 있습니다.

고양 원더스의 김성근 감독은 프로야구 원년부터 일흔 살이 넘은 지금까지 현역으로 뛰고 있습니다. 30년 넘게 '길 위에 있는 '롱런 감독'인 것입니다.

다음은 한 신문 인터뷰 기사입니다.

1996년 쌍방울 레이더스 감독 시절, 라이벌이었던 박영길 감독이

274

운동장에 들르자 김성근 감독이 불쑥 물었습니다.

"4번 타자가 공을 칠 때 자꾸 머리가 돌아가요. 어떻게 고쳐야 하죠?"

당시 박영길 감독은 타격 지도의 일인자였습니다. 그는 김성근의 롱런 비결에 대해 이렇게 말했습니다.

"적장에게도 물어보는 열정, 제자를 키우려고 무슨 일이든 하는 자세. 고수는 부끄러움을 모릅니다. 자신이 있거든요. 감독이 다른 감독에게 모르는 거 묻기 쉽지 않아요. 그 양반은 묻더라고. '김성근, 오래 가겠다' 했어요."

초심을 잃어버리지 않고 누구에게든 항상 물어볼 수 있는 '열정'이 필요합니다.

그 열정이 식었다고 느껴질 때는, '길 위의 고수는 부끄러움을 모른다'는 말을 떠올려 보세요.

책상 앞에
오래
앉아 있어야

2009년 12월이었던 것 같습니다. 제가 참가하는 한 모임의 송년회에서 허영만 화백의 강연을 들은 적이 있었습니다. 그는 1947년생이니 지금 60대 후반입니다. 예전에는 새벽 4시 30분에, 요즘은 새벽 5시 30분에 화실에서 작업을 시작한다고 하더군요.

《각시탈》, 《오 한강》, 《벽》, 《망치》, 《식객》, 《타짜》, 《꼴》, 《말에서 내리지 않는 무사》… 지금도 그는 우직하게 만화를 그립니다.

송년 모임 강연에서 그는 고등학교 2학년 때 멸치잡이 어부였던 아버지에게 대학 문제를 얘기했다가 "누가 너 대학 보내 준다고 하더냐?"라는 대답을 듣고는 입시를 포기했다고 말했습니다. 그 뒤로 입시 공부만큼 열심히 만화를 그렸지요.

지금까지 그렇게 많은 작품을 그릴 수 있었던 비결이 무엇이냐는 질문에는 이렇게 대답했습니다.

"책상 앞에 오래 앉아 있어야 한다."

아무리 재주가 있더라도 책상 앞에 오래 앉아 있지 않으면 작품은 나오지 않는다, 결국 책상에 오래 앉아 있는 사람이 이긴다는 얘기였습니다.

화백, 학생, 작가라면 결국 책상에 오래 앉아 있어야 무언가를 만들어 낼 수 있습니다. 운동선수라면 훈련을 하는 운동장에, 피아니스트라면 피아노 앞에 오래 머물러야 할 겁니다.

책상은 현장입니다. 어느 분야에 종사하든 우리 모두에게는 자신의 '책상'이 있지요. "책상에 오래 앉아 있어야 한다"는 60대 후반 화백의 말이 오래 기억에 남아 있습니다.

멈추지 않았던 드러커…
아흔일곱 살, 눈 감기 일주일 전에도
새로 쓸 책을 구상하다

피터 드러커는 아흔 살이 넘어서도 계속 '길 위'에 있었습니다. 결코 멈추지 않았지요. 1909년 태어나 2005년에 타계한 드러커는 우리에게 '지식노동자', '목표 관리MBO, Management by Objectives' 같은 새로운 개념들을 제시해 준 '현대 경영학의 아버지'였습니다.

《프로페셔널의 조건》 같은 그의 책도 인상적이었지만, 저는 무엇보다 그가 보여 준 멈추지 않는 '삶의 자세'가 가장 기억에 남습니다.

2002년 가을, 드러커는 《넥스트 소사이어티》라는 책을 출간했습니다. 한국 나이로 아흔네 살 때 책을 낸 것입니다. 짧은 에세이를 쓴 것이 아닙니다. '고통스러운' 책 쓰기를 그는 아흔네 살에도 멈추지 않았습니다.

아흔여섯 살이었던 2004년 6월에는 《하버드 비즈니스 리뷰》에 글을 썼습니다. '어떻게 하면 효과적으로 목표를 달성하는 경영자가 될 수 있는가What Makes an Effective Executive'라는 제목의 글이었지요 (http://hbr.org/2004/06/what-makes-an-effective-executive/ar/1).

타계 석 달 전에는 셰익스피어 전집을 꺼내 놓고 다시 읽겠다고 결심했고, 눈을 감기 일주일 전에는 새로 쓸 책을 구상하기도 했습니다.

드러커는 은퇴 시점을 묻는 질문에는 이렇게 대답하곤 했습니다.

"죽으면 영원히 쉴 테니, 사는 동안은 은퇴하지 않을 것이다."

드러커의 공식 사이트인 '드러커인슈티튜트'(www.druckerinstitute. com)를 보니 드러커가 쓴 책은 모두 39권이었습니다. 그중 예순 살 이전에 쓴 책이 10권이었고, 나머지 29권은 대부분의 사람들이 은퇴하는 예순 살 이후에 집필한 것들이더군요.

특히 80대에도 《새로운 현실The New Realities》(1989), 《비영리단체의 경영Managing the Nonprofit Organization》(1990), 《자본주의 이후의 사회Post-Capitalist Society》(1993)를 썼고, 90대에 《21세기 지식경영 Management Challenges for the 21st Century》(1999), 《넥스트 소사이어티 Managing in the Next Society》(2002)를 출간했습니다.

우리는 80~90대에도, 아니 그것이 쉽지 않다면 60대에라도 드러커처럼 자신의 길 위에 계속 서 있을 수 있을까요.

죽음을 불과 석 달 앞둔 시점에도 셰익스피어 전집을 꺼내 다시 읽겠다고 결심할 만큼 뜨거운 '열정'을 갖고 살았던 드러커.

좀 늦더라도, 때로는 아주 천천히 가더라도, 멈추지 않고 제가 선택한 길을 가야겠다는 생각을 했습니다.

걸어가면서 얻는
사상만이
가치 있는 것

"걸어가면서 얻는 사상만이 가치 있는 것이다." (프리드리히 니체)

항상 초심으로
무언가에
마음 빼앗겨

우리는 무언가를 이루면 그곳에 머물고 싶어집니다. 아무리 작은 성취라 해도, 그곳에 자리 잡고 성을 쌓고 그것을 지키고 싶어집니다. '안주'하는 것입니다. 그래서 그것을 지킬 수 있다면 얼마나 좋겠습니까. 하지만 아쉽게도 그건 불가능합니다. 고래의 진리이지요.

헤라클레이토스(기원전 530~470)는 "만물은 변한다. 변하지 않는 것은 세상의 모든 것이 변한다는 사실뿐이다"라고 말했습니다. 그는 만물을 흘러가는 강에 비유하면서, 우리는 같은 강물에 두 번 발을 담글 수 없다고 했습니다. 내가 같은 강에 다시 들어간다 해도 이미 다른 물이 흘러온 것이기 때문입니다.

그의 제자 크라튈로스는 스승의 말을 더 극단화해 "아무도 같은 냇물에는 들어갈 수가 없다. 들어가는 그 순간에도 냇물이나 사람이 모두 변하기 때문이다"라고 말했습니다.

헤라클레이토스는 보릿가루와 치즈 가루를 포도주에 넣고 휘저어 마시는 퀴케온이라는 고대의 음료를 예로 들어 이 '변화'를 이야기합니다.

"보리 음료도 젓지 않으면 분해된다."

긴장과 분투가 계속되어야만 사물이 지금의 상태를 유지할 수 있다는 의미입니다. 흐르는 강 속에서 우리는 헤엄을 쳐야 전진하거나 최소한 그 자리에 머물 수 있습니다. 가만히 떠 있기만 해서는 뒤로 밀려갈 뿐입니다.

'성공의 유효 기간'은 짧습니다. 2000년 전의 고대 그리스인들도 그런 생각을 했는데, 변화가 훨씬 더 빨라진 현대 사회에서야 말할 나위도 없겠지요.

우리는 노키아와 코닥, 애플에서 이를 실감할 수 있습니다. 치열한 혁신 경쟁에서 승리해 '넘버 원'으로 올라선 기업이라 해도 그 성공의 달콤함에 빠져 안주하려다가는 순식간에 경쟁 기업에게 추월당합니다.

노키아는 2013년 가을 마이크로소프트에 인수됐습니다. 2000년대 초반과 중반만 해도 세계 휴대폰 시장의 70퍼센트를 점유하며 '난공불락'의 요새로 보였던 그 노키아가 몰락한 것입니다. 세계 최고의 기업으로 다수의 모바일 특허도 갖고 있었지만, 피처폰에 안주하려다 스마트폰 시대의 도래라는 변화와 함께 무너졌습니다.

2012년에 파산 신청을 한 코닥도 마찬가지였습니다. 카메라 필름의 제국을 일구었던 코닥. 디지털 카메라 기술을 먼저 개발했지만, 필름 시장에 안주하려다 디카 시대의 도래로 몰락했습니다.

불과 몇 년 전까지만 해도 아이팟, 아이폰, 앱스토어, 아이패드를 잇따라 내놓으며 세계 최고의 혁신 기업이라는 칭송을 들었던 애플도 벌써 그 명성이 예전만 못합니다.

세상의 모든 것은 변합니다. 현재의 성취를 지키고 싶어 아무리 힘 껏 움켜쥔다 해도, 현재는 손가락 사이로 빠져 사라져 버리지요.

지금에 안주하지 않고 자신의 길을 가야 합니다. 그것이 세상입니다.

안주하지 않고 길 위에서, 항상 초심으로, 무언가에 마음 빼앗겨, 그렇게 나의 일과 내가 사랑하는 사람에 마음 빼앗겨… 그런 모습으 로 살아갈 수 있으면 좋겠습니다.

《경영》 156p(본문 250p), 프랑크 아르놀트, 최다경 옮김, 더숲

《경영자가 된다는 것》 264p(본문 7p), 이타미 히로유키, 이혁재 옮김, 예인

《경제 심리학》 273p(본문 185p), 댄 애리얼리, 김원호 옮김, 청림출판

《공간이 마음을 살린다》 246p(본문 258p), 에스더 M. 스턴버그, 서영조 옮김, 더퀘스트

《괴테, 청춘에 답하다》 48p(본문 87p), 58p(본문 67p), 144p(본문 41p), 156p(본문 87p),
      요한 볼프강 폰 괴테, 데카나 오사무 엮음, 예인

《그대 자신이 되라: 니체의 잠언과 해설》 15, 26p(본문 242p), 박찬국, 부북스

《그들의 생각은 어떻게 실현됐을까》 151p(본문 79p), 스콧 벨스키, 이미정 옮김, 중앙
      북스

《김하중의 중국이야기 2》 27p(본문 27p), 김하중, 비전과리더십

《나는 지금 어디에 서 있는가》 94p(본문 49p), 유시찬, 한국경제신문출판

《내가 알고 있는 걸 당신도 알게 된다면》 86p(본문 189p), 277p(본문 178p), 칼 필레머,

✻ 참고문헌에는 원서의 인용 페이지와 이 책의 본문 페이지를 병기했습니다.

박여진 옮김, 토네이도

《논어로 논어를 풀다》 951p(본문 214p), 이한우, 해냄

《뇌, 1.4킬로그램의 사용법》 495p(본문 254p), 존 레이티, 김소희 옮김, 21세기북스

《니코마코스 윤리학》 103, 104p(본문 214p), 아리스토텔레스, 강상진 외 옮김, 도서출
　　판 길

《당신에게는 사막이 필요하다》 233p(본문 256p), 아킬 모저, 배인섭 옮김, 더숲

《당신이 지갑을 열기 전에 알아야할 것들》 67p(본문 167p), 엘리자베스 던 · 마이클 노
　　튼, 방영호 옮김, 알키

《도덕감정론》 73~75p(본문 196p), 81(본문 198p), 275(본문 224p), 275~278p(본문219p),
　　애덤 스미스, 박세일 · 민경국 옮김, 비봉출판사

《마스터리의 법칙》 589p(본문 77), 로버트 그린, 이수경 옮김, 살림

《머리가 좋아지는 하루 습관》 35~37p(본문 124p), 요네야마 기미히로, 이근아 옮김,
　　예인

《명상록》 104p(본문 73p), 197p(본문 132p), 마르쿠스 아우렐리우스, 천병희 옮김, 숲

《명장》 161p(본문 142p), 우한, 김숙향 옮김, 살림

《모나리자 미소의 법칙》 125p(본문 156p), 에드 디너 · 로버트 비스워스 디너, 오혜경
　　옮김, 21세기북스

《법철학》 50p(본문 211p), 헤겔, 임석진 옮김, 한길사

《30년만의 휴식》 230p(본문 53p), 이무석, 비전과리더십

《상상력이 경쟁력이다》 120p(본문 36p), 앨런 액슬로드, 이민주 옮김, 토네이도

《설계된 망각》 322p(본문 152p), 탈리 샤롯, 김미선 옮김, 리더스북

《성공 자기경영을 위한 101가지 비타민》 44p(본문 11p), 예병일, 플루토북

《세일즈 슈퍼스타》 138p(본문 37p), 브라이언 트레이시, 이우성 옮김, 씨앗을뿌리는
　　사람

《소설의 이론》 27p(본문 24p), 게오르크 루카치, 김경식 옮김, 문예출판사

《소크라테스 이전 철학자들의 단편 선집》 592p(본문 246p), 617p(본문 182p), 613,

618, 238p(본문 169p), 탈레스, 김인곤 옮김, 아카넷

《쇼펜하우어의 행복콘서트》 19p(본문 226p), 29p(본문 180p), 56p(본문 260p), 아르투르 쇼펜하우어, 도모다 요코 엮음, 예인

《스노볼. 2: 워런 버핏과 인생 경영》 682p(본문 149p), 앨리스 슈뢰더, 이경식 옮김, 랜덤하우스코리아

《스탠드아웃》 236p(본문 252p), 마커스 버킹엄, 이진원 옮김, 청림출판

《습관의 심리학》 19p(본문 136p), 214p(본문 115p), 곽금주, 갤리온

《습관의 힘》 165p(본문 117p), 찰스 두히그, 강주헌 옮김, 갤리온

《승려와 수수께끼》 258p(본문 203p), 랜디 코미사, 신철호 옮김, 럭스미디어

《아프리카 파워》 31, 342p(본문 81p), 비제이 마하잔, 이순주 옮김, 에이지21

〈야구, 야구, 야구밖에 모르는 '야구바보'〉, 《조선일보》, 김수혜, 2013.7.19.(본문 274p)

《어떻게 살 것인가》 104, 117p(본문 99p), 271p(본문 207p), 278p(본문 281p), 프리드리히 니체, 이동진 옮김, 해누리

《얼마나 있어야 충분한가》 149p(본문 154p), 로버트 스키델스키·에드워드 스키델스키, 김병화 옮김, 부키

《오이디푸스 왕, 안티고네》, 소포클레스, 천병희 옮김, 문예출판사(본문 211p)

《워렌 버핏 실전 가치투자》 310p(본문 113p), 로버트 마일즈, 권루시안 옮김, 황매

《월든》 187p(본문99p), 헨리 데이비드 소로, 홍지수 옮김, 펭귄클래식코리아

《유쾌한 크리에이티브》 170p(본문 106p), 톰 켈리·데이비드 켈리, 박종성 옮김, 청림출판

《인간적인 너무나 인간적인 1》(니체전집7) 395p(본문 226p), 프리드리히 니체, 김미기 옮김, 책세상

《인생에 대한 예의》 156p(본문 149p), 이나모리 가즈오, 장은주 옮김, 비즈니스맵

《인생을 최고로 사는 지혜》 36p(본문 89p), 새뮤얼 스마일즈, 공병호 옮김, 비즈니스북스

《인생이 왜 짧은가》 10, 28, 29, 61, 111, 113p(본문 232p), 153, 154p(본문 45p),

206p(본문 164p), 루키우스 안나이우스 세네카, 천병희 옮김, 숲

《인생이란 무엇인가 2—사랑》 201p(본문 191p), 레프 니콜라예비치 톨스토이, 동서문화사

《인생이란 무엇인가》 125p(본문 99p), 레프 니콜라예비치 톨스토이, 채수동 옮김, 동서문화사

《일침》 14, 15p(본문 224p), 정민, 김영사

《잃어버린 지혜, 듣기》 112p(본문 239p), 서정록, 샘터사

《저커버그처럼 생각하라》 66p(본문 32p), 예카테리나 월터, 황숙혜 옮김, 청림출판

《정치학》 403p(본문 222p), 아리스토텔레스, 천병희 옮김, 숲

《죽음의 집의 기록》 22p(본문 93p), 표도르 미하일로비치 도스또예프스끼, 이덕형 옮김, 열린책들

《지금 바로 실행하라 Now》 89p(본문 103p), 닐 피오레, 서현정 옮김, 랜덤하우스코리아

《지식을 경영하는 전략적 책읽기》 211p(본문 211p), 스티브 레빈, 송승하 옮김, 밀리언하우스

《지적 즐거움》 24p(본문 120p), 필립 길버트 해머튼, 박해순 옮김, 베이직북스

《지지 않는 마음》 47, 53p(본문 159p), 알렉스 리커만, 김성훈 옮김, 책읽는수요일

《직업으로서의 정치》 142p(본문 217p), 막스 베버 나남

《차라투스트라는 이렇게 말했다》 184p(본문 21p), 프리드리히 니체, 정동호 옮김, 책세상

《채근담》 96p(본문 230p), 홍자성, 김성중 옮김, 홍익출판사

《천재: 사로잡힌 자, 사로잡은 자》 298, 301~302p(본문 269p) 피터 키비, 이화신 옮김, 쌤앤파커스

《철학의 탄생》 229p(본문 281p), 콘스탄틴 밤바카스, 이재영 옮김, 알마

《터지는 아이디어》 52p(본문 244p), 스티븐 J. 팔리, 정현선 옮김, 모멘텀

《템플턴 플랜》 232p(본문 140p), 존 템플턴, 박정태 옮김, 굿모닝북스

《펑유란 자서전》 12p(본문 164p), 펑유란, 김시천·송종서·이원석 옮김, 웅진지식하
　　우스

《포트폴리오 인생》 151p(본문 96p), 찰스 핸디, 강혜정 옮김, 에이지21

《폰더 씨의 실천하는 하루》 238p(본문 109p), 앤디 앤드루스, 하윤숙 옮김, 세종서적

《프로페셔널의 조건》 341, 342, 354p(본문 147p), 피터 F. 드러커, 이재규 옮김, 청림
　　출판

《피터 드러커의 다섯 가지 경영원칙》 47p(본문 83p), 피터 드러커, 이한 옮김, 아시아
　　코치센터

《행복의 함정》 82p(본문 183p), 리처드 레이어드, 정은아 옮김, 북하이브

http://www.jfklibrary.org/Research/Research-Aids/JFK-Speeches/Yale-
　　University-Commencement_19620611.aspx(본문 248p)

〈The 10 secrets to a happy life〉, 《텔레그라프》, 2011.4.1.(본문 199p)